デンマークの女性が輝いているわけ

幸福先進国の社会づくり

澤渡夏代ブラント
小島ブンゴード孝子

デンマーク初の女性首相ヘレ・トーニング・シュミッツと歴代女性大臣たち

大月書店

目次

第二章　女性と仕事……………………………………39

第三章 「社会の子」づくり

はじめに

早いもので、私たち二人のデンマーク生活は、それぞれほぼ半世紀となりました。縁あってデンマーク人男性と結婚し、「妻」として夫とともに家庭を築き、「母」として子どもを育て、さらに「女性」としてデンマーク社会の中で仕事にたずさわってきました。この妻・母・女性の三役をフルにこなすことは、一見大変なことのように思われるかもしれません。でもデンマークには、誰もが安心して家庭を営み、また自分のやりたい仕事に専念することを可能にする仕組みが存在しています。ここに男女の差別はありません。

幸い私たちは、日本とデンマークの橋渡し的な仕事を通して、社会のあらゆる分野を垣間見る機会を持つことができました。もちろん仕事と割り切ってしまえば、経験も情報もそのまま脳裏を通り過ぎてしまうかもしれませんが、面倒なことに、私たちは、常に両国の社会の状況や仕組みにアンテナを張り、情報をキャッチしながら生活してきたように思います。そして両国を常に比較しては、時に感嘆し、時に困惑しながら生きてきました。

確か、安倍晋三首相は、２０１４年（平成26年）の国会所信表明演説で、「女性が輝く社会」の構築を政策テーマとして掲げ、日本国内成長の最大潜在力として「女性の力」をフルに活用することを最重要課題の一つに位置づけたのではなかったでしょうか。私たちはこの宣言を聞いた時、「遅ればせながら、日本政府がようやく女性問題に真剣に取り組む時がやっときた！　是非ともがんばってほしい！」とエールを送る一方で、「日本政府は、一体どのようなマジックを使って『女性が輝く社会』を構築していくつもりだろう。」と大きな疑問も抱きました。女性が社会で活躍するには、子どもの健全な成長を支援する社会制度、家庭と仕事の両立が可能な男女の働き方、そして男女の意識改革など広範囲の社会整備が不可欠だからです。

あれから6年が経過しました。その間、確かに女性の社会参加は進んだと思います。しかし、日本から聞こえてくるのは、いまだに解消されていない待機児童問題、保育施設や保育士不足、保育士や介護スタッフ等の低賃金・過酷労働、不安定な非正規雇用の定着など、まだまだ「女性が輝く社会」にはほど遠い、深刻な問題が山積している現状です。

２０１９年秋にスタートした幼児保育無償化政策は、はたしてどのような効果をもたらすでしょうか。日本の未来をになう子どもの育成のためには、ほかにも着手すべき方策が多々あるように思います。さらに日本では、伝統的な男女の役割意識が現在もなお根強く残っており、子育ては母親の役目、家族を養うのは父親の役目と考えている人も依然多く、これも女性が働きやすい社会づくりのあしかせになっているように思われます。

一方デンマーク社会に目を向けると、私たちの周囲の女性たちは、家庭と仕事を両立させて自分らしい人生をイキイキと生きています。彼女たちにとっては、結婚や出産は、人生のたいせつな節目ではあっても、それを機に退職するという人も考えもありません。デンマークの女性たちは、自分の選んだ教育をもって仕事に就き、自分が決めたパートナーと家庭を築き、子どもを持ちたい時に出産して「女性・妻・母」という三役をごく普通にこなしながら生きています。彼女たちからは、「家族が一番たいせつ、でも仕事も大好き。」という言葉がよく聞かれます。また、デンマークの男女の役割意識は、時代とともに壁がなくなり、「やりたい人、やれる人がやる」ことがごくあたりまえになってきています。

そして、デンマークの女性たちのイキイキとした生き方を突き詰めて考えると、「自分でものごとを考え、自分で決定する自立した人間」形成を目指しているデンマークの児童教育や学校教育にたどり着きます。

またデンマークでは、「男女同数の社会参画は経済発展に大いに貢献する。」といわれ、さらに「家庭生活が円満ならば、よい仕事に反映する。」と考えられており、デンマークの労働市場では、かなり以前からワークライフバランスが実践され、また随時改善されてきました。

しかし、デンマークの成熟した社会は、一夜にして築かれたものではありません。私たちは、福祉国家が意図する「全ての国民の豊かで文化的な生活」の実現を成し遂げるために、デンマークの人びとが、デンマークの女性たちが、これまでにどのような努力をしてきたか、そしてその結果、どのような社会が生まれたか、その経緯と現状の両面を本著でひも解いていきたいと思います。そして私たちからのメッセージが、少しでも日本の女性たちにインスピレーションを与え、また願わくば、女性たちの奮起に一石を投じることにつながり、日本が本当に「女性が輝く社会」になるためのレシピとなれば、という思いで本著をしたためました。

２０２０年１月　コペンハーゲンにて

第一章

国と社会と人びとと

一　小さくて大きい国デンマーク

これから私たちがみなさんにお話ししようと思っているデンマークという国は、ヨーロッパ大陸の北端に位置し、ドイツと国境を接している人口580万人の国です。デンマークは、スウェーデン、ノルウェーとともにスカンジナビア3国を構成し、さらにフィンランドとアイスランドを加えてノルディック5か国を形成しています。人口は日本の北海道とほぼ同じで、面積で比較すると北海道の約半分という小さな国です。ただ私たちは、「デンマークをひとことで表現すれば、『小さくて大きい国』です。」と紹介しています。一人当たりの国内総生産（GDP）が、2018年IMF統計では世界10位（日本26位）で、最近日本でもよく話題にのぼる国連の幸福度国際調査では、他のノルディック諸国とともに常に上位に挙げられるなど、小国なのにがんばっているという意味で、「大きい国」なのです。

デンマークを訪問する多くの日本人からは、デンマークの人たちは、「明るくて親切」「すれちがう人と目が合えば、みながにっこり微笑む」といった感想がよく聞かれます。たとえ短い滞在でも、「生活にゆとりがある」「人生を楽しんでいる」といった印象を受けるようです。また同時に、「日本とは、なにかがちがう。なにがちがうのだろう?」という疑問も湧いてくるようです。

山のない平坦な土地なので、どこへ行ってもゆったりとしたスペースがあること、洗練されたデンマークデザインが、街並みにも施設やオフィスにも、そして一般家庭にも見て取れることなど、目に見える豊かさは確かにインパクトが強いかもしれません。しかしデンマークの人びとや社会が、どこかイキイキしているように感じられるのは、そのような物理的な豊かさより、むしろ、人びとの生き方や働き方、そして社会との接し方が大きく関わっているように思われます。

●デモクラシーとは？

デンマーク人は、幼い頃から「個」を基本にして育てられ、教育を通して「自己を知ると同時に、周りとの連携」を学び、そして「自分の人生を自分で選ぶ」生き方をしています。このように、一人ひとりの個性を大切にしつつも、共同体としての連携を重視する社会の背景には、デンマーク人が日々大切にしている「デモクラシー」の理念があり、「デモクラシー」を語らずしてデンマークを理解することはできません。

デモクラシー、民主主義という言葉は、日本でもよく聞き、よく使われますが、ではいったい民主主義とはなんなのでしょう。日本の大学生グループに、「みなさんにとって民主主義ってなんですか？」と尋ねたことがあります。彼らはしばらく互いに顔を見合わせて、「多数決でものごとを決めることかな。」といかにも自信なさそうに答えました。これは、彼らにとって、民主主義がなにか曖昧で不透明なものだからでしょうか、それとも身近に感じていないからでしょうか。正直なところ、私たちも、むかし学校の授業で習った記憶はありますが、あまり身近なものとして考えたことがなかったので、質問にしっかり答えられなかったかもしれません。でもこの国で生活するようになり、日々の生活の中に、またこの国の至るところにデモクラシーの理念が息づいていることを知りました。

二　人がたいせつな資源

資源（resouce）という言葉を聞いた時、あなたはまずなにを頭に浮かべますか？　多くの方は、「天然資源」と答えると思います。でもデンマーク人に資源とはなに？　と聞くと、大半の人がまず「人」と答えるでしょう。

デンマークは、今でこそ北海の海底油田発掘で天然ガスを自給していますが、それがなかったむかしは、石炭も石油も採れず、山がないから大きな川もなくて水力発電もできず、水は地下水に頼るのみ、というように、天然資源の乏しい国でした。20世紀になり、世界中の国々が我も我もと原子力発電を導入していく中、デンマークも一旦は導入を国会で決めたにもかかわらず、国民からの強い反対運動にあって中止しました。そしてこの流れから一歩外れ、自然界にある風をエネルギーに変えようと考えて、風力発電を開発したのです。デンマークは風力発電のパイオニア。今ではデンマーク本土の総電気消費量の43・4％が風力発電でカバーされています。

さて、「人がたいせつな資源だ」というデンマーク人の考え方は、どこからきているのでしょう。それを理解するためには、少しデンマークの歴史をさかのぼってみる必要があります。

●19世紀のできごと――敗けて学んだもの

デンマークは、ナポレオン戦争以後、度重なる戦いに敗れ、ついに1813年には、国が倒産する憂き目を味わいます。しかしその翌年の1814年には、世界で最も早く、すべての7歳以上の子どもを対象とした義務教育制度を導入しました。そして1864年にドイツ（当時のプロシア）との戦いに敗れ、豊かな農地の多くを失い、またもや国家の存続が危ぶまれた時、「この国には人的資源しかない。」ことを再び強く認識し、「国の再建は人的資源を高める教育からはじめなければならない。」と考えました。デンマーク独特の国民高等学校（Folkehøjskole）という新しい教育システムが導入され、働く青年たち（特に農業に従事していた青年たち）の教育に力を入れました。

農閑期を利用して集まってきた農家の青年たちは、全寮制の学校で一時期生活を共にし、デンマークの歴史・哲学・文学などを学ぶとともに、自分自身・自分たちの地域・そしてデンマークの将来についてみなで考え、語り合いました。これが、デンマークにおける「生きた教育」のはじまりです。そして、この教育に触発された青年たちが故郷にもどって組織したのが、「農業協同組合」でした。農業協同組合の基本、それは「一人一票」のデモクラシーです。この生きた教育を体現した国民高等学校の設立に寄与した人の中に、牧師であり教育者のグルントヴィー（N.F.S.Grundtvig、1783年〜1872年）がいました。同じ時代に生きた世界的に著名なデンマーク人には、アンデルセン（H.C.Andersen、1805年〜1875年）や実存哲学の父といわれているキェルケゴール（Søren A. Kierkegaard、1813年〜1855年）がいますが、近代デンマーク社会に最も大きな影響力を与えた人物といえば、グルントヴィーのようです。彼は常に「個と社会の共生」を唱え、これが近代デンマークの礎になったからでしょう。

●失って得たもの

また同じ時期、豊かな農地を失い、大きな痛手を受けたデンマークの農業を復興させることに尽力した人に、ダルガス（Enrico M.Dalgas、1828年〜1894年）という軍人技師がいました。彼は、ユトランド半島北部のやせた土地を農民たちとともに開拓した人で、彼が語ったとされる「外で失ったものは、内で取り戻せ。」という言葉は、当時のデンマーク人みなの復興に向けての合言葉であったようです。

この言葉はいろいろに解釈できると思いますが、その一つは、「ゆたかさを海外に進出して得るのではなく、国内を充実させて得よう。」というもので、もう一つは、「お金や土地のような外的なものは戦争で失ったが、残っている人間の内面的な力でデンマークを復興させよう。」というものではないかと考えます。当時ヨーロッパの多くの国がゆたかさを外に求めて植民地主義へと進む中で、デンマークはそれとは一線を画して、国内の充実を図ったことは事実ですし、物理的なゆたかさよりも「人」という資源を高めること（＝教育）を重視したのも事実です。

これらは今から約150年前、日本の明治維新時代の出来事ですが、ここで生まれた国民高等学校は、現在もなお各地に存在していますし、またその教育方針は、現在もなおデンマークの幼児教育（保育）・義務教育・中等および高等教育に脈々と受け継がれています。また「一人一票」「共同体としての連携」精神で生まれた農業協同組合の考え方は、その後労働組合をはじめとする社会のさまざまな組織へと受け継がれていきました。今デンマーク社会に息づいているデモクラシーは、150年あまりの長い時間をかけて熟成してきたものなのです。

ちなみに、ダルガスの農地開拓の話は、内村鑑三が「デンマルク国の話」（岩波文庫）という短編の中で書いています。

三　デンマークのデモクラシー

はじめに、デンマークのデモクラシーの理念は、私たちの日々の生活の中に、またこの国の至るところで息づいていると書きました。これではあまりにも抽象的で、「なるほど！」と実感していただけないでしょう。そこで、私たちがこれまでに体験したことや「なるほど、これがデンマークのデモクラシーなのか！」と気づかされた多々あるエピソードの中のいくつかを、ここに紹介したいと思います。

●デンマーク生活のはじまり、はじまり！

私たちがデンマークにきて結婚した当初は、まだまだ二人ともしっかり日本人でした。でも新婚当時から、日本とはまったく異なる人の見方や考え方があることを、日常生活におけるさまざまな体験を通じて受け止めていました。はじめのうちは、「あーこんなに日本とちがうのか！」と思うだけでしたが、歳を重ねるうちに、「あーこれがデンマークのデモクラシーなのか！」と気づかされました。

たとえば夏代は、こんな体験を今なつかしく思い出しています。

私が結婚してデンマークに住みはじめた当初、義母は百貨店に勤めていたこともあって、バーゲン開催前のスタッフの日を楽しみにしていました。当日は、日ごろ気になっている商品が半額になるようで、自分の娘と義理の娘の私にオーバーやセーターを買ってきてくれました。当時経済的に余裕がなかった若かった私たちは、義母の差し入れがとても嬉しかったのを覚えています。義母は、実娘と義理の娘の私に分け隔てなく同等に接してくれました。また、義母は、孫たちの誕生日やクリスマスのプレゼントを年齢に応じた金額ではなく、大きい子も生まれたての子も一律の金額でプレゼントをしていました。私は当時、日本ではお正月のお年玉が年齢に応じて額がちがっていたことを思い出しながら、年齢に関わらず「人」として平等という意味で同額ということがとても新鮮でした。義母のこうした姿勢は決して特別なわけでなく、すでにデンマーク人の日常生活にさりげなく存在していたのですが、地球の反対側からきたばかりの当時の私には、このようなささやかなできごとから学ぶことが多々あり、私の意識が少しずつ変化していったのだと思います。

また孝子は、こんな体験を今なつかしく思い出しています。

結婚して2年目に地方大学都市から首都コペンハーゲンに移ることになり、皮なめし職人一家が住んでいる古い一軒家の一階を借りることになりました。私の夫は当時まだ大学院生でしたが、日曜大工が大の苦手。長年大家さんの両親が暮らしていた一階は、かなり改装や修繕が必要でしたが、慣れない作業に私たちは頭を抱えるばかり。そんな私たちの悩みを察してくれた大家さんは、やさしく笑みを浮かべながら、根気よく夫の手助けをしてくれました。改修作業が一段落した時、私たち夫婦は大家さんにお礼の言葉を伝えましたが、彼は夫に向かって、「いやいや、このぐらいはたいしたことありませんよ。私は皮なめし職人だから手先は器用だし、大工仕事は得意ですからね。あなたが今なにを勉強していて、将来どんな仕事をするのか、私にはよくわからないけれど、きっとあなたも、あなたなりに、社会に役立つ人になるでしょう。」と語りました。大家さんのこの言葉に、夫はもちろん、同席していた私も大きな衝撃を受けました。それは、何気ないいいまわしの中に、彼の職人としての強い誇りを感じたことと、学歴がどうであろうと、誰もがきっと社会の役に立てるはずだ、という平等で肯定的な人の見方を感じたからです。上下目線でなく、誰とも同じ目線で接することの大切さを教えてもらいました。

●保育園での子どもミーティング

ある保育園を訪ねた時のこと。保育士が子どもたちに「ミーティングよ！」と呼びかけると、みなが集まり、部屋の床に円になって座りました。子どもたちに一緒に考えて決定に参加させる「子どもミーティング」のはじまりです。この日の議題として、「今日の午後だけれど、動物の絵の展覧会を見に図書館にいくか、みんなで飼っているウサギを見にいくか、どっちがいい？」と保育士が問いかけていました。子どもたちからは「今日は2時半ごろお迎えだけれど、それまでに園に戻れるかしら？」とか、「ウサギはいつも見ているから、図書館の方がいいな。」とか活発に意見が出ています。そしてみなで話し合った結果、結局その日の午後は、動物の絵の展覧会を図書館に見に行くことになったようです。これは子どもたちに決定への参加をうながすちょっとしたエピソードですが、自分が決定に参加して実行すると、活動が一層楽しくなるようです。子どもたちは、このような日々のささいなことからも、決定に参加することで、デモクラシーを学んでいくのです。

●保育園での選挙ポスター作り

２０１９年6月、デンマークでは総選挙が実施されました。その選挙運動がおこなわれていたさなか、ある保育園では、選挙とはなにかを子どもなりに学ぶ手段として、街のあちこちで目にする立候補者のポスターに似たものを作ってみようということになりました。街の選挙ポスターと同様に子どもたちの顔写真と「友だちに約束すること」を公約として書いたポスターを作り、ポスターは廊下の壁に貼られました（ここで本物の選挙とちがうのは、立候補者はグループの全員で、この時は、実際の投票まではいかなかったことです）。

子どものポスターの片隅にアルファベットの一文字が書かれているのは、子どもたちの名前のイニシャルですが、これは、デンマークの各政党がイニシャルを持っていて、立候補者がポスターに自分の所属する政党をイニシャルで示していることをまねたものです。

ポスター作成に参加したこの年齢の子どもたちは、まだ文章を書かないので、公約はスタッフが代筆したものです。この活動は、特定の保育園のアイデアで生まれたのかと思ったら、保育士は、「学びのプラン」（保育指導要綱）に民主主義を学ぶことが明記されているので、それに沿って企画することになったと説明してくれました。この試みでは、実際に投票するまではいきませんでしたが、子どもたちは、ほんのちょっぴり選挙の雰囲気を味わったのです。

子どもたちの選挙ポスター

M（Marcus マークス）物がなくならないように、みんなで大事にしよう。

L（Lucas ルーカス）ゲームをたくさんしよう。

E（Esben エスベン）デンマークが死なないように僕は戦います。

L（Laura ラウラ）みんなで博物館に行けるようにしよう。

S（Sofus ソフス）子ども全員が朝食にロールパンを食べて、楽しく過ごすこと。

●学校理事会への生徒参加

国民学校法では、すべての学校に理事会を設置することを義務づけています。理事会は、学校運営の基本を定める最高執行機関で、年間予算の承認や学校独自のルールや価値観を定めたり、学年ごとの科目別授業数や一日の授業時間・家庭と学校の協力体制・学校内での生徒の共同活動など、学校生活に欠かせないさまざまな重要事項の大枠がここで決められています。

この理事会のメンバー構成は、過半数を保護者が占め、そのほか教員をはじめとする学校職員代表が最低2名、生徒代表が最低2名入ります。また市議会の判断で、地域の企業や中等教育機関（高校や職業専門学校）やクラブ団体の中から外部代表を2名まで入れることもできます。ここで大いに注目したいのは、生徒代表が入っていることです。

学校は人を育てるたいせつな場所。その主人公である子どもを外して、大人たちだけで「学校はどうあるべきか」を決めるのは民主的でない、とデンマーク人は考えます。ある国民学校の校長先生に、生徒が理事会に参加することについて尋ねたところ、校長先生いわく、「うちの学校には生徒会が低中学年と高学年の2つあって、それぞれの会長が理事会メンバーになっています。最年少メンバーは5年生なので、理事会ではこの生徒代表にも十分理解してもらえるように、話し合いを進めなければなりません。これは大人だけの会議よりむしろ大変かもしれません。校長である私はオブザーバーとして会議に同席しますが、ここでは年齢や立場を超えて、出された議題をとことん話し合った上で合意に至ります。20年以上これを経験してきましたが、意見がまとまらずに多数決で決めたことは、これまでたった2回しかありませんでした。」

とかく日本人は、多数決＝民主主義と考えていませんか？　でもそうとは限らず、ちがう民主主義の形もあることを、私たちはデンマークにきてはじめて学びました。それは校長先生の話にあるように、多数決の手段を取らずに、とことん話し合って合意にもっていく、あるいは少数派の意見をできるだけ汲み取って物事を決めていくという形です。国会で多数議席を獲得している与党が、どんなに世論や野党からの反対意見が強くても、一定の審議期間が経過したら採決にもち込み、多数決の名の下に強行採決してしまうようなやり方は、デンマークでいう民主主義からは外れます。

●あっぱれ！　生徒たちの政府への抗議

数年前の夏、国民学校高学年（日本の中学生）を中心に約2万人の生徒が政府と文部大臣を相手に抗議デモを実施しました。デモは全国規模で首都コペンハーゲンだけでも、1万2000人が参加したようです。

きっかけは文部大臣が試験方法の一つであるグループテストの廃止を決定したことによります。このグループテストとは、3～4名の生徒・学生がグループとなって一つのテーマについて勉強し、グループで試験に臨むことです。デンマークの試験はペーパーテストだけではなく、学んだことの口頭試験が外部からの試験官の列席で実施され、個々の修学度が問われます。文部大臣によると「グループで試験官と向き合う試験では、個々の修学度の判断が難しい。」というのが廃止の大きな理由でした。それは、生徒が将来社会に出る時には、一人ひとりの資質が問われ、ともすればお互いに寄り添う形になるグループテストは、個々の成長にならない、ということのようです。

この決定を受けて「デンマーク学校生徒連盟」は素早く反応し、全国規模のデモの実施を決定、日程を初夏の登校日にしました。「デンマーク学校生徒連盟」は、全国の国民学校１０８２校のうち、９３９校が参加している非営利団体で、当時の会長は、アネモネ・ビヤケベック（Anemone Birkebæk）さん、９年生の女子生徒で、選挙で選ばれています。彼女は、「今の授業はグループワークが多いのだから、それに合った試験をしてほしい。『協力』して学ぶというグループテストは、今後の高等教育や就職した時も集団で物事を解決する力を育てると思う。文部大臣は私たちに耳をかさないから、声をあげるしかないのです。」とデモ実施への心境を語っています。

生徒たちが繰り広げたデモに対して、コペンハーゲン市長のボー・アスムス・ケルドゴード（Bo Asmus Kjeldgaard）は、「すばらしい！　生徒たちは、街に出て不満に思うことを行動に出て訴えた。デモは、デモクラシーの基本なのだから、彼らの行動を応援したい。」と登校日に学校を休みデ

約２万人を動員した中学生のデモ
（日刊新聞ユトラポスト紙より）

モに参加したことには触れず、彼らたちの行動を褒めていました。

この生徒たちの全国規模のデモの要求は、すぐには政府に届きませんでしたが、各分野で検討された結果、7年後の2013年に数学のグループテストから再開されています。

私たちは、日ごろコペンハーゲンの路上や国会議事堂前でデモを繰り広げる光景は見慣れているものの、この生徒の集団が抗議デモを起こした時には、さすがに驚かされましたが、それに対して大人たちが「よくやった!」と応援する姿勢にさらに驚かされ、成熟した民主主義を見せつけられた思いでした。

●三人寄ればなんとやら……

日本には、「三人寄れば文殊の知恵」ということわざがありますが、デンマークでは、「三人寄れば、任意団体ができる。」とよくいわれます。これは、デンマーク人はディスカッションが大好きな国民で、家族・友人・知人・同僚・パーティーの同席者など人が集うと、すぐにディスカッションがはじまり、そのようなディスカッションを通して数名が意気投合すれば、自分たちが関心を持っている事柄や要望を実現させようとして任意団体を結成するからです。ですから、デンマーク社会には、都市にも地方にも、小規模な市民団体から大規模な組織に至るまで、任意団体(=組合、デンマーク語は forening)が、それこそ犬も歩けば棒に当たるほど存在しているのです。そしてデンマーク憲法には、市民は自由に任意団体を組織する権利を持っていると明記されています。

私たちの身近なものとしては、地域のスポーツ団体・土地所有者組合・集合住宅居住者組合・消費者組合・職業別労働組合・保育園や学校の保護者会・各種ボランティア団体など数限りなくありますが、デンマーク人でこれら団体に全く所属していない人はいないのではないか……と思われるほどです。

さらに、1983年から教育・保育・福祉をはじめとする公共サービスを受けている利用者が、政策決定や実施に直接参加することで、今まで以上に効率的で質の高いサービスを目指そうという政治的なアプローチがあり、10年後にはそれが法制化されて、「ユーザーデモクラシー」(Brugerdemokrati) が急速に普及しました。そしてその頃から、全国各地の高齢者施設や障がい者施設などにも利用者委員会が設置されていますし、デンマークにはホームレス組合や服役者組合もしっかり存在しています。

このように任意団体（組合）とひとことでいっても、さまざまな規模や形態があるわけですが、そこに共通していることは、それぞれの団体の法律ともいえる「定款」があり、メンバーがその定款を守ること、そして年1回総会を開き、ここで重要議題を決め（基本的に一人一票、または一世帯一票）、さらにメンバーの中から選挙で理事を選出することなどがあります。

あるアンケート調査では、民間企業・公的組織のトップリーダー300人中約8割が、30歳までに1つまたは複数の任意団体に所属して積極的に活動したメンバーだったという結果が出ています。そしてアンケートに答えたリーダーたちは、その時の体験から、社会的能力や協調能力、さらに強いネットワークを得ることができたと語っています。ここからも、デンマーク人にとり、またデンマーク社会にとり、決定に自らが参加し、デモクラシーの精神にのっとり協働することがいかに大切であるか理解できます。

●高齢者による高齢者のための全国組織

現在デンマーク社会で最も強力な任意団体は、「エルドラセイエン」（Ældre Sagen）という高齢者のための全国組織でしょう。この組織は１９８６年に設立され、現在の会員数は87万人に達しています。これはデンマーク総人口のなんと15％に相当します。18歳以上の成人で、組織の趣旨に賛同すれば、誰でもメンバーになれますが、若者には別の関心事があるのが普通なので、大半のメンバーはシニア層です。ということは、65歳以上のシニア世代の約二人に一人がメンバーということになります。この組織力はものすごいもので、高齢者市民の声をまとめて国や地方自治体に伝えるパイプ役を果たしています。そして高齢者にかかわる法案が持ち上がった場合などは、法案が国会に提出される前に、エルドラセイエンに声がかかり、意見を求められるほどです。もちろん私たちも、夫婦そろってエルドラセイエンの会員で、会費を払うことで組織の活動やビジョンを私たちなりに支援しています。

エルドラセイエンは全国に２１５の支部を持ち、積極的に組織のさまざまな活動を支えているボランティアメンバーは2万人、中央本部には140人の専門スタッフがいて、メンバーの活動をさらに支えています。

●時代のニーズで団結

どこの国でも、時代の流れの中で、その時代特有の社会問題が発生し、それをなんらかの方法で解決しようとする動きが見られるわけで、デンマークもその例外ではありません。20世紀後半から今日まで、デンマーク社会にも高齢化の波が押し寄せています。その状況下で、高齢者自身が、現在の公共福祉サービスや社会保障制度をどう捉え、どうすればシステムを改善し、またこれからも維持していくことができるかを真剣に考え、アイデアを出し、行動するために、ここで紹介したような団体が作られたのです。「政治家や行政者に任せきりにしないで、自分たち当事者が団結して行動する。」これがデンマーク流のデモクラシー＝ユーザーデモクラシーなのです。今はシニアが大きな声を上げていますが、ひとむかし前は、デンマークの女性たちが、女性の地位向上や自立のために立ち上がり、団結し、「デンマーク女性連盟」という全国組織を作るなどして積極的に行動しました。このことは、本書の第四章で紹介しますが、その前に、まずは、ある40歳代のデンマーク人夫婦とその家族の一日をのぞいてみることからスタートしてみましょう。

四　ファミリー・デンマーク　ある40代夫婦とその家族の一日

デンマークの朝は早い。工場は朝7時から、オフィスは朝8時から動き出すところが多く、道路は6時半頃から車や自転車の通勤ラッシュがはじまります。そして夕方も早い。道路は午後3時半頃から大急ぎで自宅を目指す自転車や車のラッシュがはじまります。両親が仕事を持ち、それぞれの職場に通勤し、子どもは保育園や学校に通うというのは、デンマークでは日常の生活パターンです。

日本でも「ワークライフバランス」が話題になる今日このごろ、デンマーク社会を牽引する一員として生活するファミリー・デンマークは、毎日どのような時間の使い方をしているのでしょうか。私たちの身近にいる40代の夫婦で、フルタイム勤務の共働き、育ち盛りの子ども3人の5人家族ホルクさん一家の一日を紹介したいと思います。一家は、11年前にコペンハーゲン市内のアパートから北へ10キロの住宅地に一軒屋を購入して引っ越してきました。

ホルクさん一家の家族構成は、次の通りです。

ニナ（Nina Holck）42歳　コンサルティング会社勤務（民間企業）　通勤は電車で約30分

ホルクさん一家：40歳代夫婦と子どもたち

アナス（Anders Holck）45歳　首都圏リジョン（日本の県に相当）勤務、公務員。通勤は車で約30分
フリーダ（Frida Holck）14歳　長女、8年生（中2）、公立学校、徒歩通学
カイサ（Kaisa Holck）12歳　次女、6年生、公立学校、徒歩または自転車通学
デーヴィッド（David Holck）10歳　長男、4年生、公立学校、徒歩または自転車通学
エルモ（Elmo）3歳　愛犬

朝は家族全員が6時半に起床し、まず愛犬エルモの散歩を長女と次女が交代でして、そのあと全員で朝食を食べます。お弁当は10歳の長男をのぞき、各自でサンドイッチを作ります。パパは7時半に車で出勤、子どもたちの学校は8時はじまりなので、7時45分には

登校し、ママは子どもたちを見送ったあと、7時50分に電車で出勤します。

　午後、子どもたちの下校がはじまります。まず4年生のデーヴィッド君が14時、6年生のカイサちゃんは14時半、8年生のフリーダちゃんは15時と学年毎に30分ずつ遅い下校です。その後は学校内か近くのフリータイムクラブに移動するか、日によっては、デーヴィッド君はサッカークラブに、カイサちゃんは、ダンス教室とピアノ教室に通っています。フリーダちゃんは、乗馬に熱中、毎週土曜日には森で2時間の乗馬を楽しみ、その他にもギター教室に通い、美術学校でアクセサリー作りも習っています。ここで「宿題はどうするの?」と疑問を抱かれるかと思いますが、デンマークの学校内には「宿題カフェ」と呼ぶ教室があり、宿題を見てくれる大人がいるので、そこで済ませてくるか、フリータイムクラブで終えてくることが多く、余暇活動を楽しむ時間的余裕があります。

　ママの勤務時間は、8時半から16時半で、帰宅は17時です。パパは、8時から16時。フレックスタイム制で勤務しています。パパは帰宅後エルモの散歩をすることが多く、夕食は夫婦交代で作ります。

　夕食の時間は、ちょっと遅めで7時頃。もちろん家族そろってテーブルにつきます。団らんのひとときは、それぞれ一日の出来事を話したり、翌日の予定を確認し合ったり、大切な家族のコミュニケーションタイムです。夕食のあと片づけは家族で協力して終え、その後は各自が好きな事をして過ごします。デーヴィッド君は、パパにグッドナイトストーリーを読んでもらって9時ごろには夢の国に。フリーダちゃんとカイサちゃんは、少し遅れて10時ごろ就寝です。

ニナさんとアナスさん夫婦の趣味は、ニナさんがヨガや菜園で、アナスさんは日曜大工とビーチバレー。夫婦共通の趣味はカヤックで、クラブに入会しています。週末は、掃除・洗濯・一週間分の食料や生活品の買い出し・家の修繕・庭仕事など、しなければならない家事が山のようにありますが、それだけで終わらずに、家族そろって森の散歩やアウトドア活動を楽しむ時間も努力して作っており、また友人や親兄弟家族などとの交流もしばしば。心身ともに充電した週明け、再びホルクさん一家の職場と学校での忙しい一週間がはじまります。

第二章

女性と仕事

一　社会と女性の関係

●妊娠しても　市長から大臣に

２０１９年６月５日、デンマークでは憲法記念日に総選挙がおこなわれ、社会民主党が４年間政権をになった保守党を破り政権交代がありました。その３週間後には、内閣を組織する女性7名、男性13名の総勢20名の大臣が発表されました。その中で注目を浴びたのは、「ロスキレ市の女性市長ジョイ・モーゲンセン（Joy Mogensen）が文化大臣として入閣！」というニュースでした。この決定にロスキレ市の市民は驚き、そして喜び、また、ロスキレ市長ではなくなる寂しさを感じたようです。

ジョイは、現在38歳ですが、25歳の時に市議会議員選挙で当選し、30歳で人口８万５０００人の市の市長になり、以来８年間市民に絶大な人気のある市長を務めてきました。25歳という若さで議員になったのは、「自分が住んでいる市に愛着があり、この市の発展に参加し貢献したい。」という気持ちで政治に関心を持ったからで、社会民主党青年部に籍を置いて、かなり早い時期から活動していました。

実は、大臣に指名される２カ月前の２０１９年４月に「妊娠」を公表、しかも「別れたパートナーとは、子どもに恵まれませんでした。長い間子どもがほしいと思っていたので、ひとり親で子どもを育てます。父親は不明。匿名のドナーです。幸いにも、デンマークでは、ひとり親でも子育ても生活も十分できることに感謝です。私は、今までたくさんのプレゼントをもらいましたが、今回の妊娠が最高のプレゼントです。」と語っています。この発表の同日、ツイッターに2万件のお祝いが書き込まれたそうです。

しかし、中には、「大臣の仕事は重職なのに、妊婦を指名してどうする?」という非難の声もあります。その非難の声に対して、児童・教育大臣パニラ・ローゼンカンステェール（Parnille Rosenkrantz-Theil）は、自身のツイッターに、「ジョイは、病人ではなく妊婦です。そういう中傷は、デンマークらしくないから、すぐに止めましょう。」と呼びかけていました。ジョイの母親は、テレビのインタビューで、「ジョイの選択を尊重します。家族でできることは、もちろんバックアップします。彼女が大臣で活躍するのも楽しみですが、特に孫が誕生することが楽しみです。」と語っていました。

新文化大臣ジョイは11月には出産です。ロスキレ市長だった春には、10月から翌年2020年の夏まで産休に入ることが発表されています。出産を数カ月先にひかえ、大きくなったお腹を抱えて、文化大臣として精力的に文化イベントやテレビのインタビューに元気な姿で出演しています。ジョイのケースは、まだ一般的ではありませんが、若い女性の「ロールモデル」だと、多くの女性に支持されています。このように、ジョイ自身の選択に多くの国民が支援し尊重する社会は、デンマークが長い時間かけて築きあげてきた民主主義社会の成熟度の現れのようです。

「私がジョイに会ったのは2016年で、私がロスキレ市で実施していた『デンマークの福祉研修』の参加者20名を市役所で歓迎してくれた時でした。彼女は、一時間にわたり一枚の資料も持たず・見ずで、ロスキレ市の歴史、産業、観光などをイキイキと紹介してくれました。彼女の人に物事を伝える手法や朗々と語る姿勢は、聡明さと自信にあふれ、ある意味で圧巻でした。以来私は、ジョイが市長職にとどまることなく、将来は国会で活躍するような大きな人材だと思っていましたが、その時がかなり早いスピードで訪れたのです。」夏代

●主婦はいずこに？　労働市場にくり出した女性たち

デンマークの生産年齢（15歳以上65歳未満）にある女性たちの最新就労率は、76・6％（2018年）で、この数十年間70％台を保ち、常に世界の上位に挙げられています。日本からの客に「デンマークってどんな国？」とたずねられると、一般論として「高いのは女性の地位と税率、低いのは貧富の差と貯金の額」と長いこと表現してきました。

多少時代の変化があるとしても、このフレーズは、現在でもデンマークを紹介するのに通用しています。これは、「デンマークの女性は他国の女性より社会参加率が高い、高福祉のために税金として高負担をにない、所得分配制なので貧富の差が小さく、福祉充実で安心した生活がある

ため、貯め込む必要がない。」という意味合いを表しています。多くの女性が男性とともにデンマークの社会経済を支えており、今私たちのまわりには、「専業主婦」は一人もいません。その上、この言葉自体、古い時代の響きを感じます。

それにしても、日本では、いつから主婦に「専業」という文字をつけるようになったのでしょうか。そうすることで、主婦もプロフェッショナルのように聞こえるからでしょうか。デンマークの夫婦間では、かつて主婦の役目だった「炊事、掃除、料理、子どもの世話」など日常の家事を、今では「できる人が分担してになう」ようになっているので、主婦という存在や言葉は、影がうすくなりました。もし生産年齢の女性で仕事がなくて家にいる人がいたとしたら、それは、学生か、産休・育休中の女性か、もしくは、なにかしらの機能低下があって就労していない人たちです。

女性の社会進出の歴史を少したぐってみると、１９５０年後半からデンマークは戦後の好景気でデンマーク製品の海外需要が高まり、生産が伸びたため、企業が活気づき、多くの働き手が必要になりました。人々が労働市場に参画すると、幼児や高齢者のケアをになうために、各市は、こぞって保育園やナーシングホームなどの福祉政策の整備を進めました。その結果、25歳〜44歳の既婚女性の就労率は１９６０年代にはわずか27%だったのが、１９７０年には半数の51%と増え、そして１９９０年には91%までになりました。この時期雇用者側は、労働力不足を解決しようと、女性の労働市場参画に必死になっていたようです。その後、１９８６年以降の女性の就労率は76%台でほぼ定着しています。

女性の就労率

1995 年	2000 年	2010 年	2018 年
74,50%	76,10%	76,00%	76,60%

（デンマーク統計局 Danmark i tal 2019）

●共働きはあたりまえの社会

「ママとパパは仕事、子どもは保育園」という生活スタイルは、幼い子どもを持つデンマークの家庭では、ごくあたりまえの構図です。日曜日の夜、夫婦は新しくはじまる一週間のお互いのスケジュールを照らし合わせ、今週は誰が子どもを保育園に送っていくか、迎えは誰がするか、買い物や夕食の準備は？と家族の予定を確認しなくてはなりません。保育園は夕方の5時に閉まるところが多く、夫婦でどうしても5時前に迎えに行かれない場合は、祖父母の出番です。通常、保育園の営業時間についてはスタッフの労働条件も尊重しているので、迎えに間に合わない保護者のためにスタッフが居残って待つ、というケースはあまりありません。

こんなエピソードもあります。デンマークの文部省を日本の視察者が訪問した時のことです。アポイントメントは午後の2時で、デンマークの生涯教育についての話は興味深く、質疑応答も活発に進んでいました。ところが午後3時半頃になると、担当者がソワソワしはじめ、「子どもを迎えに行かなければならないので、4時には終了します。」と、釘をさされました。そして彼は、警告通り4時になると、私たち一人ひとりに「ご訪問ありがとうございました。」と握手して席を立ってしまいました。日本からの視察者は、少し驚いた様子で

乳児・幼児保育園に２人を預けて出勤するママ

「遠い日本からの訪問者でも、はっきりしていますね。」と、つぶやいていました。彼はきっと時間ぎりぎりまでつき合ってくれて、ダッシュで保育園に向かったことでしょう。そうなのです。デンマークでは、「子どもを迎えにいかなければ……」といわれたら、有無をいわさずミーティングを閉会するのが普通なのです。

共働きは、デンマークの首相夫人でも同じことです。近年の首相を例に挙げてみても、２００１～２００９年にデンマーク首相を務めたアナス・フォー・ラスムセン（Anders Fogh Rasmussen、１９５３年生まれ）の夫人アンネ・メッテ・ラスムセン（Anne Mette Rasmussen）は、市の保育ママとして13年間働き、40歳の時保育士の資格を取った後、総合保育園で保育士として働き、２００９年に夫が北大西洋条約機構（NATO）の事務総長に任命されたのをきっかけに、保育園を退職して夫と共にブリュッセルで生活をはじめました。夫婦には3人の成人した子供がいます。

また、2015年〜2019年にデンマーク首相を務めたラース・リュケ・ラスムセン（Lars Løkke Rasmussen、1964年生まれ）の夫人ソルロン・リュケ・ラスムセン（Solrun Løkke Rasmussen）は、高校の教師を務め、2018年に退職しています。この夫婦も3人の子どもを育てあげました。

このように、夫が国の首相に任命されても、妻の参加が必要な公務以外は自分の人生を歩み続けていきます。デンマークの女性が、受けた教育資格で労働市場に参画するのは、「あたりまえ」のことなのです。結婚や出産は幸福なできごとであっても、女性が職場を退職する理由になど絶対なりません。彼女たちにとって、家庭を持ち、子どもを育て、転職することはあっても、国民年金受給年齢頃まで自分が選んだ仕事を勤め上げることが「自分らしい」生き方なのです。

●「女子力」は経済パワー

女性と男性の両性が対等に活躍することで、社会経済が活性化し、健全な経済力が保たれると、デンマークでは考えられています。こんな小さな国でも、国民一人当たりの国内総生産（GDP）は常に世界の上位にあり、国際金融基金から発表された最新の世界ランキングによると、デンマークは10位で、日本は26位でした。デンマークの一人当たりの国内総生産が常に高い理由として、大手金融グループのチーフエコノミストは、「おおいに女性の労働市場進出の成果が反映されている。１９７０年代の労働力不足は女性が労働市場に進出したことで解決され、さらに生産が高まって、労働の需要と供給のバランスが保たれている。今後女性の就労率が上がれば、経済力がさらに増す可能性が潜在している。」と分析しています。

近頃日本では、労働力不足を解決するために、外国からの労働力に頼る傾向があります。ただ外国の労働力の場合は、言葉の問題、賃金の問題、労働条件など、クリアしなくてはならない課題が多々あるはずです。それよりも、なぜ日本は、まず家庭に潜伏している女性の力を活用しようと考えないのでしょうか。デンマークの女性たちから見ると、日本の生産年齢にある女性たちが、平日の昼間からカフェやレストランで女子会とやらに時間を費やしている姿は、妙に違和感を覚えるようです。

二　デンマーク女性の働き方

●日本では「働き方改革」というけれど……

今日本では、「働き方改革」と呼んで、これまでのような「サービス残業」があたりまえであった日本人の働き方を変えて行こうという動きが見られますが、そもそも、男性と女性で働き方はちがうのか、ちがって当然なのか、というところからスタートしてみたいと思います。

日本の場合は、女性の就労率が近年かなり高くなってきてはいますが（最新のOECD統計によると、OECD諸国の中で14位 70・5％）、結婚・出産・子育てを理由に仕事を辞めて専業主婦になる人はいまだにかなり多いようです。子育てが一段落して再就職したくても、なかなか元の仕事に復職することができず、パートの仕事に就くケースが多いようです。反面、男性の場合は、近年パートや非正規雇用の人が増えてきてはいるものの、一般的には、フルタイムで朝早くから夜遅くまで働く男性サラリーマンの姿が、まず目に浮かびます。そして海外では、今なお、「日本の男性はまるで働きバチのように働いている。」という強いイメージを持っている人が大半です。日本はこの状況をどう改革しようとしているのでしょうか？ 単に残業を減らせば解決するのでしょうか？ 海外に暮らす私たちには、日本の政府が唱えている「働き方改革」の具体的なイメージがなかなか見えてきません。

すでに紹介したように、デンマークはほぼ完全な共働き社会ですから、働き方は、基本的に、男性でも女性でも特に変わりありません。デンマークの最新統計では、女性の就労率は76・6％ですが、統計の取り方のちがいで、OECD統計ではデンマークは8位72・3％です。こうした統計数値だけ見ると、日本とさほど大きな差はないように見えるのですが、なにがどうちがうのでしょう？

●時代とともに変化するデンマークの労働時間

日本の労働基準法で定められた週の労働時間は40時間で、それを超えると一応残業と見なされるのだと思います。日本の働く方たちに、「では、みなさんの実質労働時間はどのぐらいですか?」とたずねると、少々照れくさそうに、「わかりませんね。」とか「うーん大体60時間ぐらいかな。」とか、さまざまな答えが返ってきます。なるほど、これが世にいう「サービス残業」の実態なのでしょう。

「サービス残業」とはよくいったものですが、この言葉に相当するデンマーク語はもちろんありません。もしこれが暗黙のうちにおこなわれていて、それが発覚したら、デンマークなら労働組合が黙っていませんし、大きな社会問題として取り上げられるでしょう。それをおこなっていた企業は、完全にブラック企業というレッテルを貼られ、労働監督局からかなり厳しい通告が出されるにちがいありません。これは、デンマークでは許されることではないのです。

デンマークでは、週の労働時間をはじめとするほとんどの労働条件は、法律で定めるものではなく、百年以上も前から、雇用者側と労働者側で定期的におこなっている労使協定で決められてきました。１９００年の労使協定では、週の労働時間が60時間だったという記録がありますが、それが時代とともに少しずつ短縮されて、１９７６年には40時間となり、１９９０年からはさらにこれが短縮されて37時間になり、今に至っています。つまり、デンマークでいうフルタイムとは、週37時間なのです。これが導入されてからは、月曜から木曜までは8時間働き、金曜日は5

時間働くという企業が増え、金曜の午後はオフィスの電話も静まり、ビジネス関連のアポが取りにくくなりました。

●今はフレックスタイムの時代！

ただ現在は、働き方がさらに変わって、多くの企業がフレックスタイムを導入するようになり、それとともにタイムレコーダーも会社から姿を消して、企業自体が労働時間そのものに以前ほどこだわらなくなってきました。これは、社員が適当に働けばよいということではなく、基本的に37時間のフルタイムを守りつつも、各自に課せられた仕事をいかに効率よく、またうまくこなすかが問われるようになってきたのです。これは、インターネットの普及により、仕事をしようと思えば、いつでもどこでも出来るという環境が整ってきたことも大きな要因になっていますが、年功序列よりも実績・実力を重んじる企業文化と、長年の労使交渉でつちかわれてきた雇用者と労働者間の基本的な「信頼関係」があってこそできることなのかもしれません。1週間のうち1日は自宅で仕事をするというスタイルも、今ではごくあたりまえになってきているようで、たとえば子どもが体調を崩して学校を休んだ日などに、子どもを看ながら、父親または母親が家でオフィスワークをこなすことも許される職場が増えてきています。もちろん、このようなフレックスタイムやテレワークを導入しにくい職場や仕事もあるので、デンマーク人全員がこのような働き方をしているわけではありませんが、幼い子どものいる家庭にとっては、家庭と仕事の両立がさらにしやすくなったことは事実です。

デンマークでは、雇用者側が働いている人に残業してほしいと要請した場合、子どもを退社後に迎えに行かなければならないといったような家庭の事情がないかぎり、労働者は残業を受け入れなければならないというルールが労使協定で決められています。ただし同時に、その場合は、最初の3時間は時給換算給与の50％、その後は100％を残業手当として加算するというルール（週末労働は100％）もあるため、雇用者側としては、コストのかさむ残業はできるだけ最小限に留めようと努力することになります。そしてこれは、働いている側にとっても、むやみに残業を強いられることにならないので助かります。ここにも、雇用者と労働者のウィンウィンの関係が築かれています。

●フルタイムとパートタイム、正規雇用と非正規雇用

フレックスタイムが多くの職場に導入されるようになったこともあり、デンマーク人の働き方は、今までにも増して多様化してきましたが、やはり現在でも「週37時間のフルタイム、基本的に残業がほとんどない。」という条件で働いている人が、最も一般的なサラリーマン・サラリーウーマンの姿であることに変わりありません。

次にパートタイムの定義ですが、日本ではパートタイムは非正規雇用と見なされています。でもデンマークでは、パートタイムとは、週の労働時間が37時間に満たない働き方を指しており、

それ以外の有給休暇や出産休暇などの労働条件は、フルタイムと全く変わらず、正規雇用であることに変わりありません。これが、日本のパートタイムとの決定的なちがいです。勤務時間が短いだけ当然手取り賃金は低くなりますが、雇用は安定しているので、特に女性にこの働き方を好んで選択する傾向が見られます。ただし、雇用契約は雇用者側と働いている人各自で結び、通常は、毎年契約内容の見直しを検討するミーティングが持たれるので、子育て真っ最中の女性が一時的にフルタイムからパートタイムに移ったり、パートタイムの勤務時間を変更したりすることも可能なのです。もちろん職場の事情でそれができないこともありますが、ここは交渉次第ということになります。

ではは働く人たちの中で、フルタイムとパートタイムの比率はどうなっているでしょうか。実は、デンマークは、ヨーロッパ諸国の中でも特にフルタイムで働いている人の割合が高い国といわれており、その点、パートタイムの比率が高いオランダとは少々事情が異なります。男性の場合は、80%~90%がフルタイムで働いていますが、女性の場合は、すでに紹介したように、パートタイムが正規雇用で、しかも勤務時間が比較的フレキシブルに変更できるなどの利点から、男性よりもパートタイムの比率が高いことは想像がつくと思います。しかし、その比率はせいぜい30%~35%程度で、働く女性の大半はフルタイムで働いているのが現状です。これはデンマーク独特な働き方の傾向だといえるかもしれません。

知人で働き盛りの女性たちを見ていると、それぞれ2~3回出産を経験しているにもかかわ

女性の年齢階級別労働力率の推移

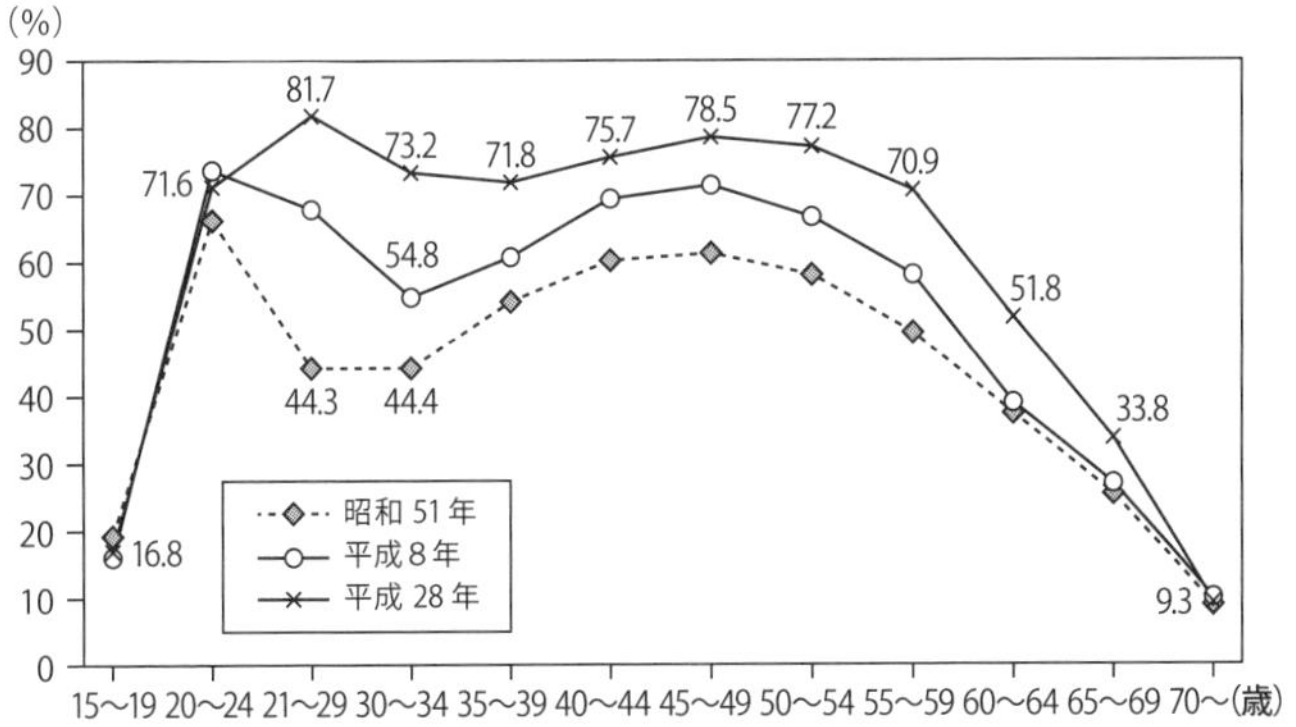

（備考）1.総務省「労働力調査（基本集計）」より作成。
2.労働力率は，「労働力人口（就業者＋完全失業者）」／「15歳以上人口」×100。

出所：内閣府男女共同参画局

らず、ずっとフルタイムで働き、一時的でもパートタイムを選択することはありませんでした。それは、デンマークでは、たとえフルタイム勤務であっても、家庭と仕事の両立が十分可能だからです。労働時間や労働賃金だけでなく、働きやすい環境作りにも取り組んできた労使協定の土壌が、これを可能にしているのだと思います。

ちなみに、いわゆる非正規雇用・臨時採用の多くは、生活費を補填する必要がある学生アルバイトが圧倒的に多いようです。職業専門学校・高等専門学校・大学を卒業した若者は、卒業する時点でなんらかの資格を手に入れて、その資格で就職口を探します。就職先の大半はフルタイムであろうとパートタイムであろうと正規雇用なので、非正規雇用を選択する（あるいは選択せざるをえない）人は、もしいたとしても、少数派なのです。

主要国における女性の年齢階級別労働力率

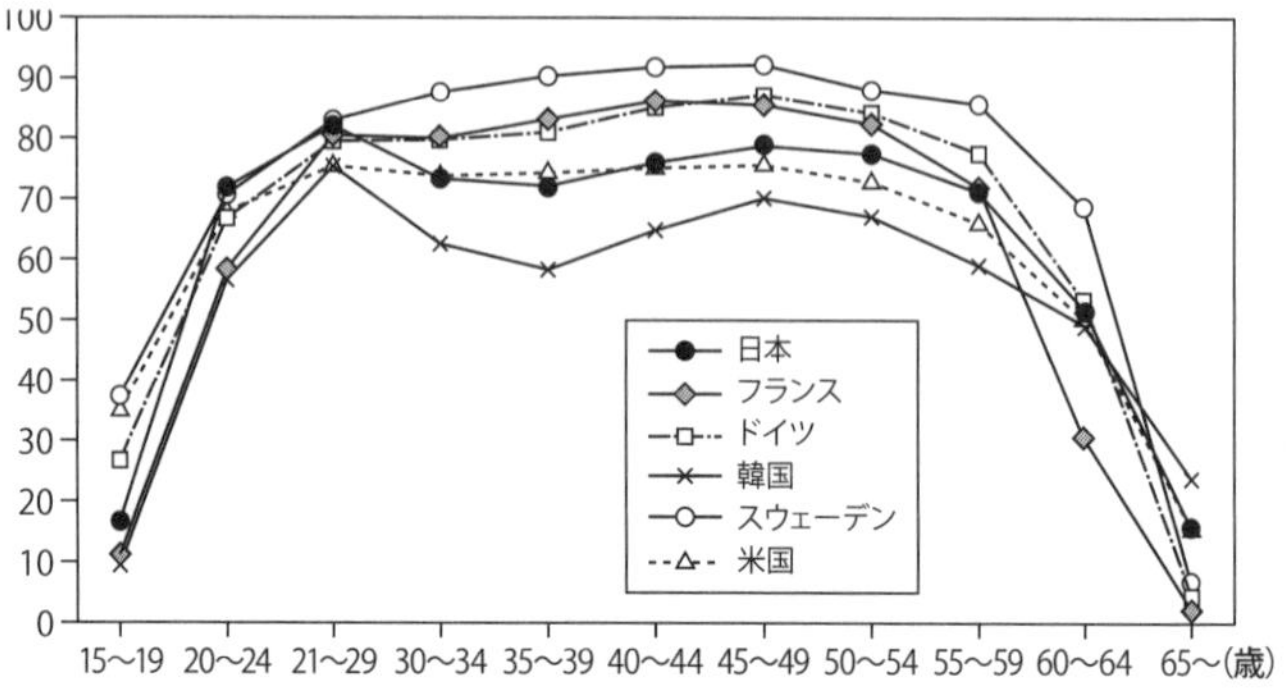

（備考）1.日本は総務省「労働力調査（基本集計）」（平成28年），その他の国はILO "ILOSTAT"より作成。いずれも2016（平成28）年値。
2.労働力率は，「労働力人口（就業者＋完全失業者）」／「15歳以上人口」×100。
3.米国の＋15〜19歳の値は，16〜19歳の値。

出所：内閣府男女共同参画局

●M字型でなく山型の働き方

日本の女性労働力率は、M字型カーブを描くのが特徴だとかなり以前からいわれており、それは現在も同じですが、やはり時代とともに、M字の形状は、多少変化してきているようです。今から40年ほど前には、学校を卒業した若い女性が一旦就職しても結婚を機に「ことぶき退職」で専業主婦になるケースが多く、Mのくぼみ部分が20歳代にきていましたが、時代とともに働く女性が徐々に増えたこと、女性の婚期が遅くなったこと、結婚を契機に辞める女性が減って出産を機に辞める傾向が強くなったことなどで、M字のくぼみ部分が30歳代へと移行し、またM字もかなり緩やかなカーブになってきました（53ページグラフ参照）。ただ、世界の他の主要国と比べると、まだまだM字が顕著に出ているといわざるをえません。

54ページのグラフの中で一番山が高いスウェー

デンが、デンマークに最も似ているカーブだと思います。ここから見えてくるのは、スウェーデンやデンマークの女性たちは、20歳代で働きはじめてから60歳代半ばで退職するまでずっと働き続け、仕事と家庭の二者選択ではなくて、両方選択しているケースが圧倒的に多いということです。デンマーク女性にとって、結婚や出産は人生の大きな節目であっても、自分の人生を１８０度変えるようなものではないことが、このグラフからも読み取れます。

三　デンマーク女性はどんな仕事がすき？

●仕事選びは中学生から？

デンマークの学校では、自分たちが暮らしている社会がどのように機能しているかを、それぞれの年齢にふさわしいレベルで教えていますが、中学2〜3年生にもなると、自分が将来どんな仕事をしてみたいかを具体的に考えさせるために、2〜5日ほど職場体験実習をする機会を設けています。ただ近頃は、「生徒が希望して、職場体験実習を受け入れてくれる企業が見つかれば、生徒はこれを体験する権利がある。」というニュアンスになって、全国すべての学校が積極的に生徒に職場体験を奨励しているとは必ずしもいえないようですが、私たちの子どもたちが中学生だった頃は、全員がやってみたい仕事を考え、本人または保護者や先生が受け入れ先を探して、1週間体験したものでした。日本でも「ゆとり教育」が盛んだった頃、似たような取り組みがあったように記憶していますが、あれは今どうなったでしょうか？

できるだけ若い頃から、自分はなにが得意なのだろう、それを活かせる仕事が社会にあるかな、どんな仕事が自分に向いているのだろう……と、ぼんやりした夢ではなくて、より具体的に自分の将来の可能性を考え、また試してみることは、本人にとっても、社会にとっても、非常に有意義なことだと思います。その点からも、中学生の職場体験実習はすばらしい企画だと思い、「さすがデンマークの教育はすごい！」と誇りすら感じていたのですが、どうやら現在の学校は、このような企画に消極的になってきているようで、少々残念な気がしてなりません。

「職場体験といえば、私の長女は、弁護士の仕事に興味を持っていたので、知人の弁護士事務所に1週間通わせてもらいました。裁判にも連れて行ってもらったようで、すっかり弁護士の仕事に魅せられ、結局大学で法学を学び、今は弁護士を経て裁判官の仕事をしています。次女は、具体的な仕事がなかなか見つからなかったけれど、なにか人とのコミュニケーションをうまく進めるようなことをしてみたいということで、広報企画会社で体験実習をさせてもらいました。結局彼女は、のちに大学でコミュニケーション学・文化人類学を学び、現在は教育コンサルタントとして海外移民や難民の受け入れ教育などを手掛けています。中学生の頃の体験実習がどれだけ役立つかは、人さまざまだけれど、少なくとも彼女たちにとっては、将来に繋がる貴重な体験だったことはまちが

いないですね。」孝子

●資格がものをいうデンマーク社会

デンマーク社会に長年暮らしていてつくづく思うことは、この社会で生きて行くためには、資格を持つことが重要だということです。若者を対象とする教育の最終目的は、若者が社会が必要としているさまざまな職業に就いて自分を活かせるように、それぞれの職業に必要な知識や技術を身につけるための資格教育にあります。

ですから、例えば、美容師になりたいと思った若者は、義務教育を終えてから職業専門学校に進み、美容師コースを選択して勉強しますし、看護師を目指したいのであれば、まず高校(Gymnasium)に進学して3年間一般教養を学び、その後看護師専門学校（大学レベルの高等教育、最低3年半）に進んで資格を取ることになります。もし将来貿易会社で商務担当として働きたいならば、高校からビジネス商科大学に進学して、ビジネスマン／ビジネスウーマンに必要な知識を取得し、卒業することが求められます。デンマークでは殆どの高等教育が国立なので、資格教育卒業＝資格取得となります。

デンマークでは「教育は国の投資」と考えられており、私たちが納めている税金のかなりの部分が、教育に充てられています。国の公共サービスに占める教育費の割合は、およそ13％です。つまり、国民学校から、高校、そして大学や高等教育機関すべての授業料は、保護者の負担はなく、さらに資格教育を目指している若者には、生活費の一部に充ててもらうための奨学金が国から支給されているので、学びたいという志がある若者には、家庭の経済状況にかかわらず、教育の門戸が開かれていることになります。もちろん「男女問わず」です。

ここまで社会（私たち納税者）が若者の教育を支援しているのですから、「なんとなく学校に通って、進学して、学生時代をエンジョイすればよい。」というような安易な気持ちで学生生活を過ごしてもらっては、それこそ税金の無駄遣いです。やはり、社会人になった暁には、学んだことを活かして、社会に貢献してもらわなければ……ということになります。これが資格を重視する社会のベースにあるわけです。

日本の大学生は、「就職のために大学に行く。」とよくいいます。それは一瞬うなずけるのですが、卒業後にどんな仕事をしているかを聞くと、自分が受けた教育とはほど遠い仕事に就いているケースが非常に多いのに驚きます。教育が全く役立っていないとはいえませんが、少なくとも、教育と労働のミスマッチ現象が起きていることは歪めません。さらに驚くことは、受験戦争を勝ち抜いて、有名公立大学で学んだような優秀な女性たちの多くが、結婚または出産を機に労働市場を離れ、専業主婦となって子育てや家事に専念している現実です。デンマーク人にしてみれば、これは非現実的な現象といわざるを得ないのです。

「むかし私の息子が大学生だった頃、大学に行く事をよく『仕事に行く』といっていました。それは、大学で勉強することが当時の彼には仕事で、国から支給される奨学金は給料のようなものだと考えていたからのようです。」夏代

●求人広告で禁止された男女の差別

インターネットの時代到来で、新聞やチラシ形式の求人広告はデンマークから姿を消しましたが、今から40年ほど前、正確には１９７８年に施行された対等待遇法（Ligebehandlingsloven）により、あらゆる求人広告は、性別を問わず全ての人を対象にしなければならないとされました。これにより、これまで圧倒的に男性が多かった職業、たとえばバス運転手、近衛兵を含む兵士、自動車修理工、建築技師などのさまざまな分野に女性が進出する現象がはじまり、今ではそれに違和感を持つ人は殆どいなくなったようです。

とはいっても、デンマーク女性の働き方を見ていると、女性が好む仕事、女性が過半数を占める職場、ほとんど女性が占めている職場があることに気づきます。ティーンエイジャーの女子に将来どんな仕事をしたいか聞いてみると、「人と多く接する仕事をしたい。」「動物にかかわる仕事がしたい。」という答えがよく返ってきます。もう少し具体的な職種を聞いてみると、学校の先生、保育士、看護師、医者、ソーシャルワーカー、作業療法士、臨床心理士、弁護士など教育、保育、医療、福祉分野や困っている人を助ける仕事があがってきます。

また「動物にかかわる仕事」としては、獣医が一番人気です。これは、デンマークのティーン

エイジャー女子の間で乗馬が大人気なので、大きくなっても馬や他の動物とかかわっていきたいと考えるからなのでしょう。

「孫娘の一人も今乗馬に熱中しているので、そのうち獣医になりたいといい出すかもしれないですね。娘たちが中学時代に体験した職場実習を、孫たちにも味わってもらえたら良いのだけれど……とふと思ったりして。」孝子

●コペンハーゲン大学の学部別学生男女比はいかに

各職域の男女比をくわしく調べることはできませんでしたが、コペンハーゲン大学が2016年に入学した学生の学部別男女比を調査した結果は、ある意味大変ショッキングなものでした。これが卒業後の職域男女比の一つのバロメーターになると思うので、ここにかいつまんで紹介します。まず同年入学した学生の男女比は、女性4410名・男性2902名合計7312名で、約3対2で女子学生が大きく男子学生を上回っています。そしてこの傾向は、近年あまり変化していません。

余談ですが、私たちが学生だった頃（今から50年ほど前）に、日本では「女子大生亡国論」という言葉が流行しました。特に文学部への女子学生が増加して、大学が花嫁学校になる恐れがあるというある教授の警告に端を発したものですが、女性が高学歴になることが国を亡ぼすことにな

特に女子学生が占める比率が高かった主な学部

		女性	男性
保健科学	医学	366名	198名（約9対5）
	歯科	69名	5名
自然生物化学	生物学	150名	80名
	家畜科学	69名	2名
人文科学	デンマーク語	174名	46名（高校教員の重要科目）
	教育学	61名	9名
法学部	法学	479名	303名（弁護士および法律専門家）
社会科学	心理学	180名	52名

ることは……。当時批判のターゲットであった私たちは、「あほらしい」と軽く流していましたが、同教授が現在のコペンハーゲン大学の実情を知ったら、どう反応されたでしょうか。

最近日本では、いくつかの大学医学部で、女子学生の増加をセーブする目的で、入試結果を意図的に不利に扱い、これが発覚して社会問題になりました。女医さんが増えると、出産休暇や子育てなどを理由に医師の勤務状況が悪化するという理由のようですが、このような差別がまかり通ること、人の命を預かる女医さんの（というか医師全体の）労働環境がいまだに劣悪であることに対して、私たちは怒りに近いショックを覚えます。半世紀前の「女子大生亡国論」とどこか相通じるものがあるのかもしれません。

デンマークでは、医師を目指す学生だけでなく、現役医師でも女性が過半数を占めるようになってきています。市民の日常の健康を守ってくれる家庭医は、近年の世代交代もあって、大半が女医さんになりました。私たちの家庭医は、40歳代の女医さんで、小さな子どものお母さんです。

このほか、20〜30歳代の若い国民学校教師の男女比（2010年調査）を見ると、女性69％、男性31％と女性が男性の2倍以上を占めています。また看護師、保育士、臨床心理士、作業療法士などに至っては、女性が圧倒的に多い傾向は、今にはじまったことではありません。

●介護の世界は女性が95％

もう一つ女性が圧倒的に多い職場があります。それは、高齢者介護の分野です。私たちは、長年にわたってデンマークの高齢者介護施設を訪れ、介護福祉にかかわる人たちと接してきましたが、とにかくこの分野においては、施設長からケアスタッフまで、女性が95％以上を占め、男性を見かけることは滅多にありません。

デンマークでは、1991年に福祉分野の資格教育改革があり、ケアの質向上が計られて、ホームヘルパーの資格が廃止されました。そしてそれ以降、ケアスタッフの資格は、社会保健ヘルパー（Social- og sundhedshjælper、略してSSH）と、社会保健アシスタント（Social- og sundhedsassistant、略してSSA）に集約されました。SSHは主に市が運営する高齢者介護施設や在宅ケアをにない、SSAは市の高齢者介護施設、在宅ケアに加えて病院勤務も可能で、一定範囲の医療行為もすることができます。どちらも中等教育の職業専門学校で資格を取ることができ、前者は2

年2か月、後者は3年10か月の教育期間中、約3分の2が現場実習に充てられています。

介護職は、給与レベルがあまり高くないため、デンマーク女性の憧れの職業とはいいかねますが、市の公務員で生活が安定していること、パートタイムで働ける可能性が高いことなどの理由から、女性が働きやすい職場環境であるといえるでしょう。さらに、デンマークの介護現場では、介護スタッフの健康管理を重視しており、介護する人にもされる人にも負担を掛けないやさしい介護が普及しているので、無理な姿勢で利用者を持ち上げたりすることは禁止されており、リフトをはじめとするさまざまな福祉用具が駆使され、また負担の少ない介助法の習得が徹底しておこなわれています。そのため、たとえ体重が50キロの小柄な女性でも、百キロ級の男性利用者を簡単に移動させて介助できるので、どうしても男性にしてもらわなければならないような力仕事は見当たりません。これも介護の職場に女性が多い大きな要因なのだと思います。

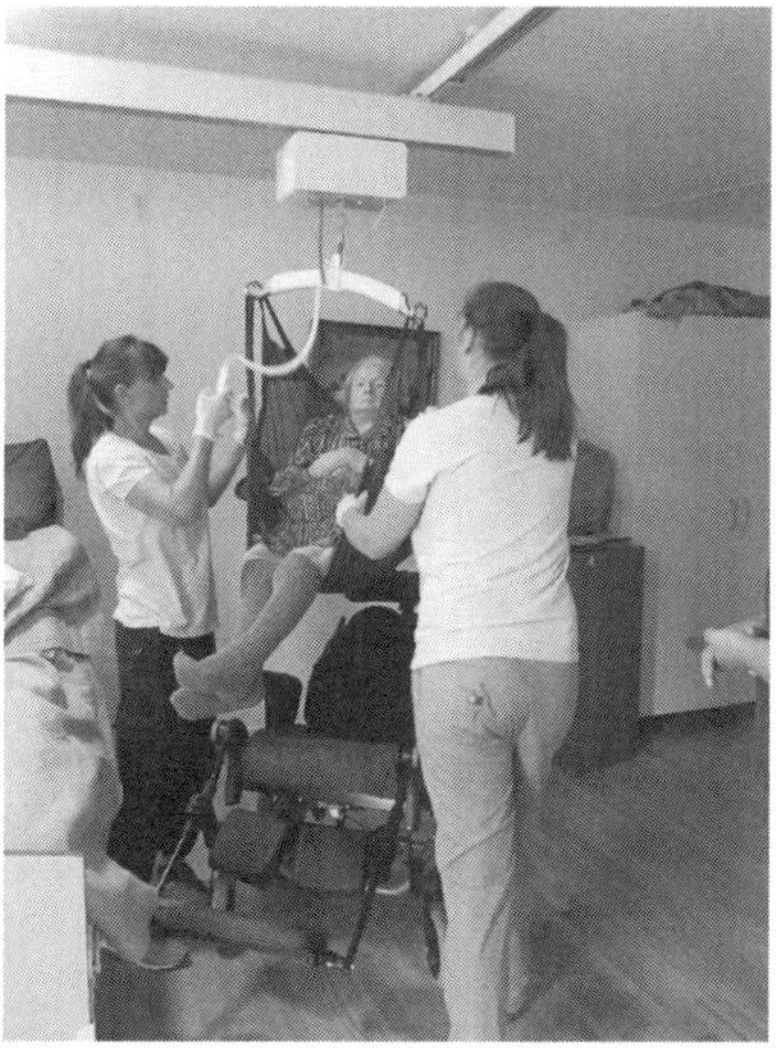
高齢者をリフトで介助するケアワーカーたち

近年デンマークの介護現場には、肌の色が異なる女性が増えてきたように思います。これら女性の多くは、以前労働移民としてデンマークに移住してきた家庭に育った人たちで、デンマーク語を話しますし、デンマークの資格教育を受けているので、なんら支障ありません。日本では介護はきついというイメージがいまだに強く、介護の人材不足がますます深刻化しており、海外から人材を調達して急場をしのぐ政策が取られるようになってきました。両国の介護現場で働くスタッフのルックスは似ていても、日本の事情とデンマークの事情は根本的に大きく異なっているようです。

四　有給休暇は働く人の権利？　それとも義務？

●「働き方改革」＝「休み方改革」？

仕事がら、私たちは、デンマークに出張される日本人ビジネスマンと接する機会が多かったのですが、自由時間の会話の中で、有給休暇がよく話題にのぼりました。「デンマークをはじめとする欧米諸国は、バカンスが長くてうらやましい限りですな。私たちは仕事が忙しくて、とてもそんなに休めませんよ。せいぜいお盆休みに1週間取れれば良い方でしょうかね。」といったコメントが圧倒的に多かったことを記憶しています。

このコメントからは、「欧米諸国がうらやましい。」の反面、「私たち日本人がこれだけ一生懸命働いているから、皆さんの国より日本は経済力があるんですよ。」というニュアンスも汲み取れます。戦後の復興期からバブル最盛期までは、これもなるほど、とうなずけたかもしれませんが、バブル経済が崩壊してからもなお、日本の企業や日本人は、相変わらず同じ気持ちで働き続けることがベストだと思ってきたのでしょうか？　そして今、他の欧米諸国との格差があまりにも大きくなったため、「働き方改革」が必要になったのでしょうか？

日本の政府、企業、労働組合、そして働いている皆さんは、これまで一体なにをしてこられたのでしょう。過去25年以上にわたり、日本が働き方とジェンダーの2分野で致命的ともいえるほど他の先進諸国に遅れを取ってしまったことは、国際機関の調査や比較研究を読めば、一目瞭然のことなのですが……。

●日本の有給休暇のきまりと現実

今回改めて、日本の労働基準法で定められている有給休暇について勉強してみました。皆さんよくご存知のことですが、ごく簡単にその骨子をまとめると……。

＊半年以上働いた人は、正社員でもパートやアルバイトでも有給の対象になる。

＊労働者が6か月継続勤務し、6カ月間の全労働日の8割以上出勤した場合は、継続または分割した10労働日の有給休暇が得られる。

＊その後は、継続勤務年数1年ごとに1労働日が加算され、最終的に最長20日の有給休暇が与えられる。これでいくと、勤続6年半以上のベテラン社員であれば、年4週間の休暇が取れるこ

とになります。

であるにもかかわらず、現実はどうかというと、国内企業における有給休暇の消化率は、なんと49・4%で、過去10年間にわたり50%を切る水準が続いているとのこと(厚生労働省の平成29年就労条件総合調査結果)。これからも、世界主要国との比較で最下位であることは容易に想像できます。

デンマーク人の夫は、「エ〜まさか、それ本当?」となかなか信じてくれません。もしこれが現実であるならば、例えば小学生の子どもがいる家庭では、学校の長い夏休みをどうクリアしているのでしょう。考えられることは、父親は休暇が短くてかわいそうだけれど、人一倍働いてもらって、母親はやはり専業主婦として夏休み中も子どもと共に過ごすか、共働き夫婦の場合は、両家の祖父母とか親戚にしばらく子どもを預けることになるのでしょうか?

日本では、冠婚葬祭や子どもの病気などで出勤できない場合は、有給休暇を使うようで、こうした緊急時のために有給休暇を取っておかなければ、と考えている人がかなりいると聞いていいます。どうもこれが、取得率を下げている要因の一つになっているようです。また職場の同僚があまり休まないとか、人手不足で同僚たちが忙しくしていると、休みが取りづらいことも、消化率が低い要因として挙げられるようです。

そんな中、日本政府は、「ワークライフバランス」や「女性が輝く社会」を実現させようというスローガンを打ち出して、「働き方改革」を推し進めてきましたが、その流れの中で、「有給休暇の義務化」がいわれるようになりました。これには、日本人の私たちですら、「エ～まさか。それ本当?」と目を丸くしたものです。具体的には、労働基準法が改正されて、10日以上の有給休暇が付与される労働者は、年に5日以上休暇を取得することが企業側に義務づけられたということのようです。日本人労働者の平均有給休暇取得日数は、8・8日だそうですが、正社員の45・7％が年5日以下という調査結果もあるので、義務化はやはり必要なのでしょう。日本のマネージング会社は、企業が義務化を進めることのメリットとして、①生産性の向上、②企業イメージの向上、③優れた人材確保、④社員のモチベーション向上を挙げています。これをデンマーク人が聞いたらば、「そんなことあたりまえでしょ。なんで今さら?」と目を丸くすることまちがいありません。

●デンマークの有給休暇のきまりと現実

デンマークでは、最低賃金や労働時間など主な労働条件は労使協定で決める慣習がありますが、有給休暇に関しては、「休暇法」（Ferieloven）という法律があり、大半の被雇用者の休暇は、これによって決められています。

かなり複雑なシステムなのですが、わかりやすくいえば、フルタイムの正規雇用従業員の場合、年間の有給休暇は5週間（25労働日）で、この権利は勤続2年目から適用されます。いい換えると、毎月働くことで、月当り2・08日の有給休暇の権利を取得できる（2・08×12か月

＝24・96、四捨五入して25）ことになります。またパートタイム、時間給雇用、臨時雇用等の場合は、各自の雇用条件に応じて雇用者側が休暇基金（Feriefonden）に休暇手当を入金し、従業員は休暇前に必要な手続きをして、基金から休暇手当を受給するシステムです。また就職したばかりの従業員には、初年度に有給休暇を取得する権利がありませんでしたが、２０２０年9月からは法律が改正されて、初年度でも一定額の休暇手当が支給されるようになります。それから転職した人の場合は、前の職場で取得した有給休暇の権利があるので、不利になることはありません。

デンマークでは、５月１日から９月30日を主な休暇期間と見なしており、働いている人は、この期間に３週間休暇を取ることができます。しかも希望して、職場でうまく調整できれば、３週間連続して休むことも可能です。小学生の子どもがいる家庭では、両親がこの権利をいろいろ工面して、６週間にわたる学校の夏休みをカバーしています。単純に計算すれば、母親と父親が別々に３週間休暇を取ればカバーできるわけですが、それでは楽しくありません。一般の家庭では、やはり家族みなで一緒に夏休みを過ごしたいので、ここにもう一工夫が必要になります。

子どもがいる周囲の家族を見ていると、夏休み初めの１週間は市の学童保育やサマースクールなどを利用し、次に休みに入る時期を１週間ほどずらして親たちが休暇を取り、その後少なくとも２週間は親子全員でバカンスを楽しみ（これで５週間クリア）、最後の１週間は、祖父母と過ごす、といったようなスタイルが結構多いようです。子どもたちが次第に大きくなってくると、スポーツクラブなどが企画するサマーキャンプに参加したり、友だちと海外旅行をしたり、徐々

休暇は家族全員で

に親と夏休みを過ごす機会は減っていきますが、子どもたちの成長期に親子そろって毎年2週間ほどバカンスを過ごすことは、親にとっても、子どもたちにとっても、かけがえのない貴重な思い出づくりの恰好の機会ではないでしょうか。

ちなみにデンマークでは、子どもが病気になった時、もし世話をしてくれる人が見つからなかった場合は、たとえば初日は母親が、2日目は父親が休みを取るというように、片親1日計2日間親が休む権利があり、これは年間の有給休暇から差し引かれることはありません。また冠婚葬祭は通常週末なのでさほど問題になりませんが、勤務中に発生した場合は、ほとんどのケースで早退・欠勤が認められ、これも有給休暇に影響することはありません。ただいずれの場合も、雇用条件によっては、当日の賃金が差し引かれることはあります。
デンマークでは、私たちが移り住んだ45年以上前から、「休暇は、働く人にとって権利であるとともに義務だ。」といわれてきました。そして、良い仕事をする、効率よく仕事をするためには、人間も充電期間が絶対に必要で、それをしない人は、長い目で見たら伸びないだろうし、させない職場には優秀な人材は集まらないともいわれてきました。「働く人にとって、休暇は権利なのか、義務なのか。」、両国のニュアンスのちがいを感じてしまいます。

リゼッテ・リスゴード（Ms. Lizette Risgaard、全国労働者団体委員長）の夏休み前に組合員に向けたひとこと「組合員のみなさんには、年6週間の有給休暇があるので、これをエンジョイしなければね。そしてあなたが海岸で日光浴をするとか、友だちとバーベキューを楽しむ時、このすばらしく長い夏休みの権利を獲得するために闘ってくれた先人たちに対して、どうぞ感謝の気持ちを送ることを忘れないでください。そして休暇は、あなたとあなたのファミリーのためのもの、一緒にエンジョイし、またリラックスするためのものです。それがあなたに与えられた権利なのですから。どうぞ良い夏休みを過ごしてきてください！」（2019年6月、組合員向けニュースレターに記載されたメッセージ）

五　出産・育児休業と復職

●日本の出産・育児休業制度は決して悪くないのに……、でもなぜ？

前にも触れたように、近頃日本では、結婚を機に退職するいわゆる「ことぶき退職」は以前よりかなり減ってきたようですが、いまだに出産を機に退職する女性の比率がなかなか下がらず、日本独特のM字型女性労働力率はそう簡単には消えそうにありません。もちろん今から30年ほど前と比べれば、女性の就労率はゆるやかに高まってきていますが、働いている女性の中で第一子が生まれる前後に出産退職する比率は、10年ほど前まで約6割で、ほとんど変化が見られませんでした。5年ほど前になって、ようやくその比率が約47％まで低くなりましたが、それでもまだ約半数の女性が辞めてしまうのですから、これは日本社会にとって大問題といわざるをえません。だからこそ「働き方改革」なのでしょうが、この状況がどれだけ日本社会にマイナスの影響を与えているかを考えると、私たちも黙ってはいられなくなります。

２０１５年に三菱ＵＦＪリサーチ＆コンサルティング社が調べた「仕事と家庭の両立支援に関する実態調査報告書」によると、妊娠・出産前後に退職した理由として、正社員女性の約４人に１人が、「仕事を続けたかったが、仕事と育児の両立の難しさで止めた。」と回答しています。その具体的な理由としては、①勤務時間が合いそうになかった（56・6％）、②自分の体力が持たなそうだった（39・6％）、③職場に両立を支援する雰囲気がなかった（34・0％）、……⑦保育園に子どもを預けられそうもなかった（預けられなかった）（17・0％）などが挙げられます。また別の研究所の試算によると、２０１７年に出産を機に離職した女性は約20万人（内正社員が7万９０００人、パート等非正規労働者などが11万６０００人）と推定され、これに伴う経済損失は約１・２兆円になるだろうとのことです。

しかしこれら同じ調査からは、育休を利用して出産後も仕事を続けた人の割合が、15年前には有職者女性中約22・5％であったのが、５年前には39・2％（約１・7倍）にまで増えたという結果も出てきているので、少しずつであっても、育休が取りやすくなってきていることがうかがえます。

現在日本では、産前・産後休暇は労働基準法で、通常産前6週間＋産後8週間と決められており、また育休は、２０１７年から施行されている「育児介護休業法」で産後休暇8週間後、子どもが1歳になるまで（ただしそれまでに保育所が確保できなかった場合などは、まず1歳半まで、それでも確保できなければ最長2歳になるまで）育児休業期間を延長することができます。産休は、デンマークの場合、産前4週間＋産後14週間でデンマークの方が4週間長いですが、産休・育休合計の休業期間を見ると、日本の方がデンマークより8週間長く、日本の制度は決して悪くありません。

また雇用保険に加入している人であれば、その期間中に休業開始時点の賃金の約67％（２０１８

年現在）給与金が支給されるようなので、経済的にもそれなりに保障されてきています。このように日本の制度が改善されてきていることは大変喜ばしいことですが、出産離職率を限りなくゼロに近づけるためには、出産・育児休業制度を改善するだけでは、どうも解決できないように思われます。

前述の「仕事と家庭の両立支援実態調査」からもわかるように、日本には、長年つちかわれてきた男性主体の企業文化が今なお根強く存在していて、「男女平等なのだから女性も男性と同じように働くべきだ。」とか、「女性社員が子育てを理由に早退や欠勤するのはどうも……」といったような考え方を持つ男性上司は、あまり表立ってはいいづらくなってきたものの、まだまだいるのではないでしょうか。また現実として、保育園に子どもを預けられないから復職できない、就職できないという待機児童問題は、待ったなしの課題であるにもかかわらず、いまだに多くの働く女性に暗雲のごとく大きくのしかかっています。幼児教育・保育の無償化が日本でもはじまりますが、無償化の対象となる年齢は3～5歳で、0～2歳の幼児の場合は、住民税非課税世帯のみが対象というのは、どうしても腑に落ちないのですが。

2児の母親でキャリアウーマンとしてがんばっている日本の知人は、「年齢の近い夫世代は、それなりに理解してくれていて家事や子育てに協力的なのだけれど、大半が専業主婦と結婚している私の上司世代は、男女の役割に関する旧態依然の固定観念が抜け切れていなくて、一番手ごわい相手ですね。」と語っていました。さらに、「2番目の子どもが生まれてから、どうしても実家の協力がないとうまく回らなくなったのですが、親も加齢で孫の世話がかなりきつくなってきて、先日とうとう、『もういい加減、あなたが仕事を辞めたらどう？』と説教されました。」とも。働く日本の女性たちの前に立ちはだかっている障壁は中年以上の男性たちだ、と簡単に片づけるわけにはいかないようです。

●EUがヨーロッパ諸国の育児休業を変える!?

２０１９年1月29日、ＥＵ議会と欧州閣僚理事会は、両親ならびに父親の育児休業法と介護休業法に関する指令に合意し、近い将来これが採択されることになる模様です。そして採択された暁には、すべてのＥＵ加盟国が、最低限この指令内容を守らなければならなくなります。ここでいう育児休業法の要旨は、①出産直後に父親は最低10日間の「父親休暇」を取る権利がある、②さらに両親は、各自が最低4カ月の育休を取る権利があり、その内の2か月は親同士で移し変えることはできないというものです。いい換えれば、父親は取る権利のある育休の内2か月は母親へ移譲することができても、残りの2か月は自分だけに与えられる権利で、これを利用しなければその権利を失うことになります。この2か月が、よくいわれる「パパ・クオーター」です。

これはあくまで最低限守らなければいけないルールなので、一国の法律がこれより働く人の有利な内容であれば、改正する必要はありません。ただ既存の法律にない部分は、加えなければなりません。

現在のデンマークの産休・育休制度

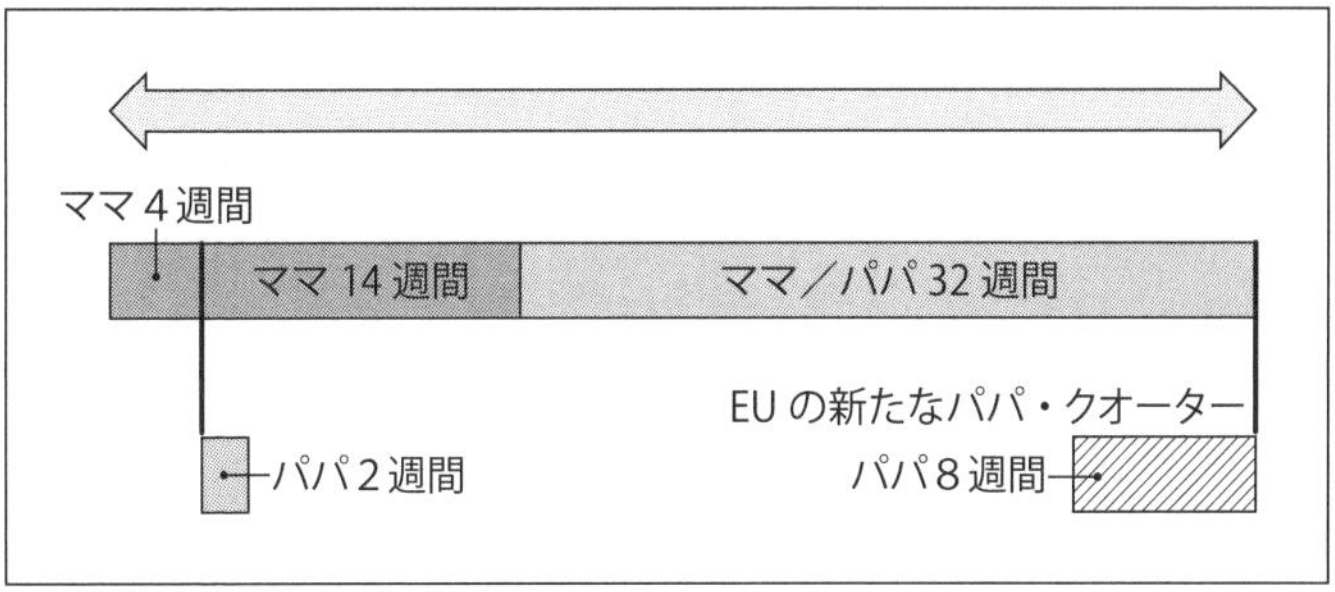

●ではデンマークの法律は？

ＥＵの指令が合意されてから、デンマークではメディアが毎日のようにこれを取り上げ、大騒ぎになりました。デンマークの法律はＥＵ指令より当然良い内容のはずだから、なにも大騒ぎする必要はないのでは？　と思いきや、実は、デンマークは「パパ・クオーター」制を導入していないため、この部分をつけ加えなければいけなくなったのです。

デンマークの産休・育休制度をまとめると、以下のようになります。

＊母親：出産前産休４週間＋出産後産休14週間〔内初めの２週間は義務、その後は権利〕
　14週間の産休後、32週間の育休を取る権利あり
＊父親：出産後の育休２週間取る権利あり
　母親の14週間産休後、32週間の育休を取る権利あり
　ただし父親は、母親の14週間産休中にこの育休をはじめてもよい
＊育休中の給付金：どちらの親も32週間育休の権利はあるが、給

付金は合計で32週間
＊育休の延長：どちらの親も、育休を8週間または14週間延長する可能性がある
＊EU指令：両親共同の育休32週間中8週間は、父親のみ取る権利がある。
これを父親が利用しなかった場合は、育休給付金が外され、育休が24週間に短縮される。〈パパ・クオーター制度〉

●母親にとっての復職のタイミング

デンマークでは、今でこそ母親の産休・育休が合計50週間（＋父親2週間、計52週間）にまで延びていますが、私たちが子づくり・子育て真っ最中だった頃の１９７０年代は、産休・育休は母親にだけ与えられた権利で、14週間でした。これが１９８０年代に24週間に延長され、それと同時に、父親にも産後2週間の休暇の権利が法律によって定められました。そして現在の制度になったのは、２００２年のことです。

その後は、父親の育児休暇取得率を高めることは、しばしば議論されていますが、母親の産休・育休をさらに延長するといった議論は、全くされていません。世界にはもっと長い休暇制度を設けている国もあるのですが、デンマークは、今のところ、現行制度を変える気はどうもないようです。それはなぜなのでしょう。

以前スウェーデン人女性と結婚している日本の経済学者とディスカッションした折に、当時産

休・育休が2年ほどだったスウェーデンでは、母親がいざ復職しようとする時、休みが長かったので元の職場や仕事には戻りにくいと聞きました。デンマークでは、女性がフルに取っても約1年ですが、10か月ぐらいで夫にバトンタッチするケースが多く、この程度のブランクであれば、元の仕事に戻っても支障ないと聞いています。世界の政治・経済情勢が目まぐるしく変化し、新しいテクノロジーがどんどん導入され普及していく今の世の中においては、職場の働き方や仕事内容もどんどん変化していきます。そのような状況の中で、あまり長い休暇を取ると、その流れに乗ることが難しくなるのでしょう。自分が置いてきぼりにならないか、職場における自分の存在感が薄れないか、といった不安が産休・育休中の女性に生まれても不思議ではありません。デンマークでは、産休・育休中のお母さんたちが、赤ちゃんを連れて時折職場を訪問する光景をよく見かけます。これは、「おかげさまで、出産した赤ちゃんがこんなに元気に育っているので見てやってくださいね。」という顔見せデビューのためだけでなく、「もうすぐ職場に戻ってくるから、私のこと忘れないでね。」という同僚への発信や、久しぶりに職場の空気に触れたいという、ごく自然な気持ちが働くからなのだと思います。どうも育休期間が長ければ良いというものではなく、復職に支障をきたさないためには、短か過ぎず、長過ぎず、適度な期間というものがあるようです。

●デンマークはクオータ制が嫌い?

ＥＵ指令が合意された直後、当時のデンマーク就労大臣は、新たに導入しなければならなくなるだろう「パパ・クオータ制」に正面から不服の意を表しました。また与党・野党を問わず多くの国会議員や日刊新聞の論説委員からも、「育休はそれぞれの国が民意に基づいて決めるべきことで、ＥＵが強制的に決める類のものではない。」といった反対意見が続出したのです。

ご存知の方も多いと思いますが、「パパ・クオータ制」を今から25年以上前、世界に先駆けて導入したのは、デンマークの隣国ノルウェー（１９９３年）でした。ノルウェーでは今すでに母親・父親どちらも、育休取得率が90～１００％に達しているといわれています。そしてその後、同じく隣国のスウェーデンでも「パパ・クオータ制」が導入され、こちらの取得率も80％ほどに達しているとか。

ではなぜデンマークは、この制度をこれまで導入してこなかったのでしょう。そして今回のＥＵ指令になぜ多くの人が反発しているのでしょうか。どうもこれは、男女平等権利うんぬんより、むしろ、デンマーク人のデモクラシーに対する考え方からきているようです。つまり、長い歴史の中で、デンマーク人には、「社会のことは、そこに住んでいる人たちが自由に話し合って決めるべきで、上から強制されるものではない。」という考え方が強く根づいており、だからこそ、労働市場のことは、雇用者と労働者双方の労使協定で決めるのが当然で、それが決まって初めて法令化されているのです。同じ北欧とはいえ、民意を汲み取り国がどんどん政策を進める傾向の強いノルウェーやスウェーデンと、時間を掛けても国民が話し合って決めていく傾向の強いデンマークでは、育休一つとっても、とらえ方がちがうのです。

●ではデンマークのパパたちの育休取得度は？

２０１５年の統計では、デンマークのパパたちの育休取得日数は、民間企業で働いている人の平均が25日、公務員で52日という結果が出ています。また権利があるのに育休を利用しなかった男性は、民間が22％、公務員が９％でした。公務員が倍以上多く取っているのは、その期間中、基本的には給与が１００％支給されるからでしょう。女性公務員の場合も同様に産休＋育休通して１００％給与が支給されるので、出産しやすい環境が経済的にも整備されています。ただ民間企業で働いている女性でも、給与の約80～１００％支給されるケースが増えてきているので、取得率はどちらも高く、ほとんど変わりありません。

私たちの子ども世代が子育て真っ最中だった頃は、民間企業でバリバリ働いているパパたちの中に、子どもが産まれるたびに出産直後２週間休暇を取るだけではなくて、最後の１カ月間育休を取ったというような話を聞くと、「デンマークのヤングパパはすごい！　男性の意識もここまで変わったのか。」と感動すら覚えたほどでした。

しかしそれは15年以上前のこと。現在のヤングパパの意識はさらに変化しているようで、「子育てに父親が母親と同じぐらい参画するのは当然。」と考える人が大幅に増えてきたようです。

「妻を助ける」のではなく、「父親も子どもの成長を直にフォローしたい、する権利がある。」というニュアンスなのです。

最近開催されたハンドボール世界大会で、デンマーク男子チームが見事優勝しましたが、そこに至るまでに大きなハプニングがありました。それは、トーナメントの真っ最中に、ある有力選手の伴侶が出産することになったのです。妻の出産に立ち会いたいのは、今のパパなら当然のこと。でも自分のスポーツキャリアやチームのことを考えると、我慢して試合を続けなければ……。きっと彼はハムレットのように悩んだと思います。でもこの時、監督はじめチームの仲間たちの対応は、「子どもは宝物。出産時にパパが立ち会うのはなににも増して大切。試合は俺たちに任せて行ってこい。」というものでした。そして優勝決定戦には、チームのファミリーが応援にかけつけましたが、選手のキッズたちは、全員がナショナルチームとそろいのTシャツを着て声援を送りました。そしてシャツの背中には、FAR（パパ）という字が大きく印刷されてありました。デンマークの全国民が優勝に歓声を上げたのは当然ですが、同時に、パパ選手と子どもたちの暖かい絆や出産のエピソードは、多くの人の心に強く響いたようです。

●パパへの育休は、優秀な人材確保へのカギ

デンマークでは、法学部を卒業した若者にとり、大手弁護士事務所に就職することは夢。ただし、このエリート集団でキャリアを伸ばしたければ、日々の残業もいとわず働くのは当然だし、

ましてや男性が育休を取ることなど考えること自体非現実的。ごく数年前まではこのように考えられていましたが、どうもこの業界にも今変化が起きてきているようです。

大手弁護士事務所間の競合は激しく、企業が優秀な人材を確保するためには、賃金の高さだけでは全く不十分で、さらなる付加価値をつける必要があります。いまだに男性が多い弁護士界において、今一番強力な切り札になっているのが、まさにパパへの育休だとか。現在大手弁護士事務所では、男性社員が出産直後2週間の育休に加えて10週間の育休を取り、全期間中給与が100％支給されることが、すでにあたりまえになってきており、それを先頭に立って実践してきた中堅男性弁護士たちが育っているとのことです。

これは、単に弁護士事務所に限ったことではなく、このような傾向は、デンマークの民間企業間に今後ますます広まっていくことでしょう。女性にとっても、男性にとっても、家庭と仕事の両立が可能な働きやすい職場、これが優秀な人材確保への最大のカギなのです。

「家庭がうまくいっていれば、それは必ず仕事にも還元される。」これが、本当のワークライフバランスなのではないでしょうか。

●パパは育児休暇中！「パパのプレイルーム」

「今どきの育休中のパパのことをもっと知りたい、直接会ってみたい。」という思いが強くなった私たちは、コペンハーゲン郊外リュングビュー市の図書館で毎週木曜日11時から13時頃までオープンしている「パパのプレイルーム」を訪ねました。「プレイルーム」？　日本ではあまり聞きなれない言葉ですが、デンマークの公立図書館には、むかしから幼児を対象に童謡を歌う「音楽プレイルーム」や幼児グループを遊ばせる「プレイルーム」活動があるので、育休中のパパグループ交流の場をこう名づけたのでしょう。

そもそもことのはじまりは、1970年頃から市の保健師さんがイニシアティブを取り、同じ地域で同じ頃出産したママたちの交流の場として「マザーグループ」が作られたことです。これは今でも続いていますが、その後次第にパパの育児参加が進み、特に2002年に産休・育休制度が改正され、32週の育休を夫婦で分担できるようになったこともあって、育休中のパパのための集いの場づくりが再び保健師さんの呼びかけではじまりました。現在では、全国の市の約4分の1の図書館や公民館に「パパのプレイルーム」が設置されています。

私たちが出会ったのは、生後9カ月のエレナちゃんとパパのペアさん、10カ月のマックス君とパパのビヨーンさん、そして少し後から参加した10カ月のインガちゃんとパパのエミールさんの3組でした。3人のパパは、公務員と大手薬品会社勤務の30代で、育休は2度目。それぞれの育休事情を聞いてみると、ペアさんとビヨーンさんは〔給料全額支給で3カ月〕、エミールさんは〔給料全額支給で5か月半〕とのこと。3か月でも驚きですが、半年近くパパが育休を取る家庭もあることに、私たちはさらにビックリ。もちろん世の中、彼らのような好条件で育休を取れるケースばかりではなく、夫の給料が妻より多くて育休に給料全額支給がないケースなどでは、ま

パパたち、育児情報交換中

だまだパパの育休は控え目です。

「長い育休をどう思いますか?」と聞いてみると、「子どもをよく知ることができるし、子どもにとっても私のことを知る良い機会です。父親が子育てに参加するのはあたりまえだし、しなかったら大損です。今は妻が復職しているので、食事の用意も、上の子の送迎も、夜泣きの対応も、全部私がやっていますよ。」とみなさん良き「主夫」ぶりを発揮しているようでした。早くも帰り支度をはじめたビヨーンさんは、「いつもだと午前中に1時間ほど寝てくれて、その間にゆっくり新聞が読めるのに、今日は20分で起きられちゃった。これから帰って昼寝をさせて、新聞を読みます。」といって席を立ちました。子育てに対する男性の意識は、やはり年々進化していることを実感した訪問でした。

●中央出産基金（Barselsfonden）とは？

デンマークでは、今なお女性社員が多い職場と男性社員が多い職場が歴然と存在していますが、女性の多い職場には産休・育休関連コスト負担が非常にかさむという悩みがあり、その点、職場や企業間に不公平さが生じてきました。この不公正さを減少させるために、15年ほど前の労使協定で、中央出産基金を設立することが決まりました。これは、民間企業だけでなく公的機関も対象となっており、労使協定に参加しているすべての企業や組織は、毎年従業員数×一定額を基金に支払いますが、従業員の産休・育休休暇が生じた場合は、企業負担分の80％が基金から支給されるというシステムです。「自分たちの問題は、当事者である自分たちで解決する。そしてみなが、連帯責任を持つ。」これがデンマーク人の考えるデモクラシーなのです。

六　家庭と仕事のバランス　女性の役割・男性の役割

●見えてきたデンマークの家庭内事情

少し古い調査なのですが、２０１４年6月のメディア（jko@søndagsavisen.dk）に、「男女の責任分担の実情」という記事が掲載され、同時に、家庭で誰がなにをするかを１０００人以上の男女パートナーにたずねた調査結果が出ました。それから数年が経過していても、そう劇的な変化

家事一般

（％）

	女性	男性	両方
誰が最も家が汚れているのに気づくか	58	18	23
誰がひんぱんに掃除機を掛けるか	43	36	19
誰がひんぱんに洗濯するか	62	17	20
誰がひんぱんに皿洗いするか	32	28	36
誰がひんぱんに買い物するか	40	24	35
誰がひんぱんに料理するか	48	27	24
誰が大工仕事を担当するか	9	74	15
誰が家計のやりくりを担当するか	24	45	30

が起きたようには思えないので、ここに興味深い部分を一部紹介したいと思います。

日本の家庭とも共通する点がいくつかあるかもしれませんが、屋外の仕事や大工仕事は男性、屋内の日常の家事仕事は女性の役割という考えは、デンマークに以前からあり、今でもその傾向は強いようです。日本ならば家計のやりくりは主婦の仕事と考えそうですが、こちらでは、男性が家計を担当する傾向が強いようです。また家計をそれぞれ別にしている夫婦／パートナーも結構多いようです。

何人子どもがほしいかを決めるのは、夫婦二人でということでしょうか。母親が子どもと過ごす時間が多いのはわかりますが、デンマークでは、どちらの親も子どもと過ごす時間を作る努力をしているように見受けられます。デンマークでは、乳幼児を寝かしつける役割は、夫婦二人で交代にするケースが多いようです。また幼児期には親が夜絵本を読んであげる習慣がありますが、ここでもヤングパパがママと同じぐらい活躍しているようです。子どもとのコ

子育て

(%)

	女性	男性	両方
誰が最もひんぱんに子どもを寝かしつけるか	15	4	36
誰が子どもを何人ほしいか決めるか	9	4	64
誰がひんぱんに子どもを迎えに行くか	28	9	16
誰が子どもの日常生活を管理しているか	44	4	14
誰が子どもと一緒の時間を作っているか	30	4	44

ンタクトは、時間の長さよりも時間の質が大切ではないかと思うのですが……。

家族の休暇は二人で一緒に計画を立てる。これはデンマークではあたりまえでしょう。

健康、ここは日本とあまり変わらないかもしれませんね。

●家事は二人で平等にすべきか?

デンマークでは、特に団塊世代の前の世代（現在80歳前後）の女性たちの中に、社会のあらゆる分野で男女平等が実現されるべきだと考える人が多くて、フェミニスト運動が盛り上がった時期がありました（このことは第四章でより詳しく触れます）。そのあとの私たち世代（70歳前後）が子育て真っ最中だった頃は、先輩たちの影響もあってか、「夫婦共働きだから、家事も育児も夫婦で平等に分担しよう。」という雰囲気がかなり濃かったように思います。同年輩の友人夫婦などは、赤ちゃんのおむつ交換は必ず交代ですると決めていて、テレビのサッカー中継を夫が興味深く観戦し、妻は全く関心がなくても、「順番はなにがなんでも変えない。」で通していました。これは少々極端なケー

余暇

（%）

	女性	男性	両方
誰が通常ひんぱんに休暇の計画を立てるか	16	17	62
誰が最も趣味や余暇活動に時間を使っているか	19	33	39
誰が最も自分のためにお金を使っているか	37	15	42

健康

（%）

	女性	男性	両方
誰が最も運動しているか	25	37	30
誰が最も野菜を食べるか	41	9	47
誰が最も肉を食べるか	5	53	41

スかもしれませんが、私たち世代の大半の夫婦は、原則としてはどちらも同じぐらい関わるけれど、それはあくまでケースバイケースで決めていたように記憶しています。

そして時代が移り、私たちの子ども世代（40歳代）が10〜15年ほど前、子育て真っ最中だった時は、「次はあなたの番よ。」という会話も聞かなかったわけではありませんが、より自然体で、パパたちが育児にも家事にも加わるようになったなと感じました。そして今子育て真っ最中のヤング世代は、さらに自然体で、当然のように分担しているような印象を受けます。

では、どんな家事でも折半することが本当に男女平等かというと、私たちには、どうもそうは思えません。やはり自分が得意な分野ややりたい分野は、カップルによりそれぞれちがうので、そのカップルに合った役割分担があって良いと思うのです。夫が料理好きでいつも料理は彼が担当し、あと片づけは妻が好きなのでいつもやっている夫婦をいく組も知っていますし、絵を描くのが趣味の夫と、ペンキ塗りが大好きな妻という夫婦もいます。

ただ、男性の4人に3人が家事を平等にこなしていると感じているのに、女性の場合は、3人に2人が料理・洗濯・あと片づけ・掃除を平等にこなしていると感じている、つまりいい換えれば、「平等にこなしていない。」と不満を抱いている女性がまだ結構いるという調査結果も出ています。いずれにせよ、デンマークでも、平等意識が普及し定着するのに半世紀以上かかっているのですから、意識の変化には長い時間が必要なようです。だからこそ、日本も今、真剣に取り組まなければならないと思うのですが。

ただ、2019年9月に日本の国立社会保障・人口問題研究所が発表した調査結果に、私たちは、愕然としました。この調査は、結婚している女性を対象に、夫婦間の役割分担調査を5年に1度実施しているもので、今回は6000人からの回答を基に分析されたのですが、その結果は、妻の平日の料理や掃除の家事負担は一日平均約4時間23分で、夫は37分、つまり、妻は夫の「7倍」負担しており、休日の場合は、妻が一日平均4時間44分で、夫は1時間6分、妻は夫の「4倍」も家事を負担しているというものです。この状況は、5年前や10年前と比べても大きな変化はないとのこと。男女それぞれの意識と男性の「働き方」が激変しないことには、いつまでたっても男性＝働き手、女性＝家を守るというむかしからの役割分担から抜け出せません。はたしてこれから半世紀後に、日本の男女の役割分担は、大きな変化を遂げることになるのでしょうか。

●子どもも家事を分担すべきか?

デンマークは夫婦共働き社会。それに加えて、働く女性の7割近くがフルタイムで働いているのですから、子どものいる家庭では、パパもママも朝から晩まで大忙しです。子どもが幼いうちは、育児と家事を二人でこなすことになりますが、子どもが小学校中学年頃にもなると、子どもたちにも、年齢相応の家事手伝いをさせるべきだと考える親が多いようで、子ども部屋の整理整頓や掃除、テーブルセッティング、食後のあと片づけなど、家族で話し合って決めた家事ルールの一部を担当するようになります。また料理好きな子どもがいる家庭では、時々子どもが親に代わって夕食を作ることもあります。デンマークの子どもや若者は、「塾」や「受験」を経験しませんから、その分自由な時間が多いわけで、これが可能なのです。

日本では、そうしたいと本音で思っている親がいても、それが可能な社会的環境がないためにできないのかもしれません。少なくとも今は。でも若い時から、こうして家族のメンバーがそれなりに家事に参加して協力し合うことは、親にとっても、子どもたちにとっても良いことはまちがいありません。なぜなら、親の家事負担軽減になりますし、家族が協力することの大切さを子どもたちが身をもって理解することにもなりますし、さらに、子どもが成長して独り立ちする頃には、自分のことはほとんど自分でできるようになるからです。

「我が家では、『働かざるもの、食うべからず』とまではいきませんが、娘たちが9歳になった頃から、それぞれの年齢で十分できる家事の役割分担を決めていました。そしてそれをちゃんと実行すれば、もちろん、おこづかいを出しました。だからでしょうか、長女のトイレ掃除やグラス磨き、次女のアイロンかけはセミプロ級にまで上達しましたよ。そして今は、孫たちがその年齢に達していて、特に料理やケーキ作りなどで各自腕を磨いているみたいです。」孝子

七　女性の自立

●精神的な自立

日本のテレビ番組で、正装した若いカップルが大まじめな顔で女性の両親の前に座り、男性が「お嬢さんとの結婚をお許しください。必ず幸せにします！」と懇願するシーンがときどき見られます。このようなシーンを目にすると、「エッ！　成人になっても親に許可をもらうの？　男性が女性を幸せにするの？　幸せって二人で築くものではないの？」と、上下関係や男女の不平等さを感じてしまいます。さらに親から「結婚は絶対に許さん！」などといわれたら、デンマーク人なら「親が子どもの意志に介入すべきでない！」とピシッということでしょう。このようなシーンは、きっとテレビドラマの中だけのことで、最近の現実社会では、まれな光景なのだと思いますが、いずれにしろ、日本では、男女が知り合い、デートを重ね、将来を誓う仲になると、

「結婚しよう！」となり、パートナーとの共同生活を経験しないまま、親元からダイレクトに結婚にゴールインするケースが多いようです。

一方、デンマーク人同士のカップルの場合はどうかといいますと、男女が知り合って、お互いに惹かれ、「一緒に生活したい。」という気持ちに二人がなると、どちらかの住まいに移るのが一般的です。でも、すぐに「結婚」とはなりません。デンマークでは、法律的な「結婚」と「事実婚」では、社会的権利に殆ど差がないため、どちらを選択するかは、個人の人生観やライフスタイルで決まります。ただ事実婚をはじめたカップルの中には、しばらく共同生活をし、子どもが生まれ、共同で家を購入するようになったりすると、子どもの親権や財産分配や相続のことなどで将来問題が生じないように、お互いを法律で守るためにも、婚姻手続きを取るケースが多々見受けられます。

カップルになる過程が、日本式の方が良いのか、デンマーク式の方が良いのか、これはそれぞれの国の文化にも関わることなので、優劣はつけられません。デンマークの子どもたちは、保育や教育を受けながら成人（18歳）へと成長していく過程で、「自分で物事を考え、自分で決定する。」という自立のノウハウを身につけていきます。そして親は、子どもが成人年齢に達すれば、子どもを「一人の個人」「別人格」として認め、子どもが決めたことや生活スタイルに口出すことはありません。

ですからデンマークの親たちは、往々にして、子どもから「事後報告」を受けることになるのです。それは、結婚も例外ではありません。法律上は、子どもが成人した時点で親の「扶養義務」はなくなりますが、なによりも大切なことは、親が子どもの決定を尊重し、その決定に寄り添いつつ、新たな良い親子関係を互いに築いていくことではないでしょうか。これは、決してたやすいことではありません。デンマークでも、時として、親子がぶつかり合うことは当然あります。でもデンマークの親たちは、自分たちの気持ちを時にはぐっと抑え、子どもが決めたことを受け入れるのです。自分たちが若かった頃、自分たちの親がそうしたように。

●経済的な自立

デンマークの若者は、18歳前後になると、「そろそろ自分の生活をはじめてみようかな。」と独立を考えはじめます。それは、自分の生活を自分の力で築いてみたいという意識が芽生えてくるためです。一般的には、女子の方が男子より一足早く巣立ちの時期を迎えるようですが、その時期がくると、ある若者は学生寮に、また別の若者は友人とアパートをシェアする方法を取るなど、独立の仕方は人さまざまです。そしてこの時期の親たちは、独り立ちする子どもを誇らしく思う気持ちと、手放す寂しさを味わいながらも、一人暮らしに必要な家計管理の話し合いをすることも怠りません。

ヨーロッパ連合（EU）28か国の「子どもの独立年齢調査」によると、1位はスウェーデンで19・6歳、2位はデンマークで21歳、一番遅い28番目はクロアチアで31・9歳だそうです。1位と28位では、12歳ほどの大きな年齢差が見られます。デンマークやスウェーデンの子どもたちの巣立ちが他国より早いのは、どうも自立心が早くから芽生えるためだけではないように思われます。いくら自立心があっても、親元を離れて自活することは、そうたやすいことではありません。この年齢の子どもの多くは、まだ教育を受けている最中ですし、自活するには住む場所や生活費も当然必要です。これらのことをクリアしなければ、独立したくてもできません。

デンマークを含む北欧諸国では、向学心と適応性があれば、大学教育まで無料で受けられ、さらに18歳以上で高等教育を受けている学生には、奨学金（Statens Uddannelsesstøtte、通称ＳＵ）が返済義務なしで給付されます。この額は、学生寮などの住居費、通信費、食費、交際費など、贅沢しなければどうにか生活できる金額です。ですから、デンマークでは、親が子どもの生活費として月々数万円にのぼる金額を仕送りするケースはまれで、子どもも親に金銭的に依存することを好みません。ＳＵだけでは足りない若者は、アルバイトをすることになりますが、アルバイトの収入が高額になると、ＳＵがカットされてしまうので、「アルバイトはほどほどにして、勉学に励みなさい。」というのが国の政策のようです。このＳＵ制度による学生への経済的支援が、若者の自立を大きくあと押ししているといえます。

ところが日本の学生は、親に入学金や授業料を払ってもらい、離れて暮らせば、生活費のかなりの部分をさらに親に頼らなくてはなりません。親の金銭的負担は、はてしなく続き、これが、親子の「貸し借り」関係を生みかねません。親に負担をかけたくないからと、アルバイトに励む学生も少なくありませんが、それがエスカレートすれば、アルバイトをするために大学に入学しているようなものです。親の経済的負担という縛りにより、子どもがいつまでも親に依存し続けたら、一体いつになれば親離れ・子離れの時期が到来するのでしょうか。

さらに私たちが不思議に思うのは、学校も卒業し、就職して自分でお金を稼ぐ成人した子どもたちが、独立せずにそのまま実家に住み続けるケースが日本ではまだかなり見受けられることです。成人し、収入もあるのに、なぜ結婚するまで親元から独立しようとしないのでしょう。どうも聞くところによると、実家を離れられない大きな理由は、「自分らしく生活したい。」という自立心よりも、お給料を自分のことに使うなり貯金することができる、掃除・洗濯などの煩雑な家事は引き続き親にしてもらえる、という極めてラクで居心地の良い環境を選択していることにあるようです。

さらに、私たちが驚くことは、今日本では、子どもの婚活にまで親が介入し、というか、子どもに代わって親たちが婚活をして自分の子どもに相応しい相手をまず見つけるようなアレンジが人気を呼んでいるとか。日本にはむかしから仲人や見合い結婚の風習が存在していましたから、その延長線上で、これもありきということなのでしょうが、成人になった子どもたちの主体性は、一体どうなっているのでしょう。

大学入試、卒業、子どもの就職先、そして将来の伴侶を決めるプロセスにまで親が関わってくる日本の今の現象は、デンマークいや欧米諸国の人たちには、まず想像すらできない考えられないことです。思うに、この現象は、日本の親世代（特に専業主婦の母親）が子離れできない（子離れしたくない）が故に起きているのではないでしょうか。高学歴の女性のエネルギーが、あまりにも自分の子どもの教育や将来に注がれ過ぎているのではないでしょうか。そのエネルギーの一部を仕事なり社会活動などに向けることで、子どもたちの親離れを促すことはできないものでしょうか、とふと思ったりする今日この頃です。

デンマークの子どもたちは、幼い頃からずっと、いくつかの選択肢が与えられたらば、自分で考えて、その中から自分が一番良いと思うことや物を選ぶというプロセスを繰り返し経験していきます。このようなプロセスの中で育つと、成人年齢に達する頃には、精神的にも経済的にも親に依存することを好まない自立したおとなへと成長していくのです。

20歳の子どもの母親として、「実家から大学に通えば、ラクな学生生活が送れるのに……。」と思ったことがありました。でもそんな母親の気持ちをよそに、子どもたちはいそいそと親元を離れて自活生活に入っていきました。その時、デンマークでは、親の子離れより、子どもの親離れの方が先にくるということを、身をもって悟ったように思います。

●結婚4年目の危機

たしか結婚式で、牧師さんから「病める時も、健やかな時も、死が二人を分かつまで、愛し慈しむことを誓いますか?」と問われて二人で「イエス!」と答えたはずなのに、デンマーク人カップルの中には、この言葉をあっさり忘れて、早くも4年目にして破局が訪れ、簡単に離婚するケースが多くなってきているようです。結婚するまでに、お互いを知るための同棲生活をかなり長く送ったにもかかわらず、あっさり離婚してしまうことは、日本人には不思議に思えるかもしれません。ただこの国では、「自分らしい生き方を殺してまでも一緒に生活を続ける必要はない」ということで、離婚も仕方ないと考える人が多いのです。

ある学者は、この傾向を「人々の教会や宗教への関心が薄れたこと、個人的に財力があること」などの社会事情が、離婚に影響していると分析しています。デンマークの歴史を少しさかのぼってみると、この学者の分析が納得できるように思われます。

まず百年以上前の1912年に、教会で挙げる結婚式の誓いの言葉から、「妻は夫に従い」という言葉が削除され、男女の地位が平等になりました。1982年には、夫婦別姓が認められ、結婚しても希望するならば、女性は男性の家族の姓に変える必要がなくなりました。1983年には納税制度が改正され、それまでの世帯納税制度から夫婦別々の個別申告になりました。これは、デンマークの女性が男性と同じように、仕事を持ち一定の経済力があるので、自分の所得に対する納税義務は自分で果たすというデンマーク女性の強い意志の表れです。

現在デンマークにおける離婚手続きは、インターネットの時代だけあって、いたって簡単です。市役所のホームページに入り、「離婚」欄をクリックして離婚手続きシートに入り、離婚に関する諸事情を問う事項に答えて、問題がなければ、手続き料金370クローネ（約5900円）

を支払って完了です。もし離婚に関する諸事情にカップル間で不同意が生じた場合は、市役所内の家族法律室に調停を依頼することができます。

離婚にまつわる最大の難題は、子どもの親権問題でしょう。デンマークでは、子どもの親権は両親が持つものとされているので、離婚した後も、子どもは父親と母親と半々に生活するのが好ましいとされています。ですから、父親の所に一週間、母親の所に一週間と、隔週で生活するケースが多くなっています。この傾向は、すでに30年ほど前からあって、当時は離婚した親を持つ子どもたちのことを「ピンポン児」などと呼ぶこともありました。近年の調査を見ると、子ども人口の約3分の1が、18歳未満に両親の離婚を経験しているそうです。たとえ夫婦が別れても、両親として成長過程の子どもに対する責任は継続されることになりますから、保育園や学校の行事はもちろんのこと、誰がいつ子どもと一緒に休暇を取るかなど、子どもの生活に発生するさまざまな事柄に関して、二人で念入りに調整することが求められます。

このように離婚が日常茶飯事になった今、たとえ両親で親権を持ち合い、離婚後も両親が交代で子どもの面倒をみる生活が順調に続いたとしても、将来的に子どもになんらかの影響が出ないだろうか、そんな疑問が、ふと私たちの頭をよぎります。現代人の生き方の変化として、これも受け入れなくてはならないのかもしれませんが、老婆心ながら危惧してしまいます。デンマークでは、離婚すら親へは事後報告になることも少なくありません。

●ひとり親はハンディなのか

こんにちデンマークでは、「核家族」という言葉が影をひそめはじめました。というのは、子どものいる家族が、必ずしも夫婦そろっているとは限らないからです。人びとのライフスタイルの変化にともない、結婚するカップルが減少して、独身か事実婚が増加するという社会傾向が見られるようになってきました。そして驚くことに、全国自治体連合のニュースレター（2017年）には、子どものいる家族の29・6％がひとり親だと記されていました。この中の多くはシングルマザーですが、一人で子育てしている主な理由としては、①離婚したため、②配偶者との死別、または③ひとり親を自ら望んで、匿名ドナーで出産、の3つが挙げられます。

独身だが匿名ドナーで子どもを授かったひとり親のケースは年々増加しており、1990年前半頃まではごく少数だったものが、1995年以降は、年間2000人の子どもが誕生しているとのこと。「ひとり親で成長する子どもが将来どのようなおとなになるのだろう？　影響は出ないだろうか？」といった疑問に対する答えは、数年先まで待たなくてはなりませんが、例えば、女親が男の子を一人で育てるケースで、周囲に父親に代わるような男性が存在しないと、父親というロールモデルが欠けることで、男の子になにかしらの影響が出るのは避けられないのではないかと思ってしまいます。これもまた私たちの老婆心なのかもしれませんが……。

デンマークにひとり親が増えているのは、たとえひとり親であっても、生活と仕事の両面でなんらハンディがありませんし、社会がこれを受け入れているので、世間体を気にする必要がなく、モラル的に偏見の目で見られることもないからなのでしょう。もちろん精神的に、一人で寂しい時や不安を感じる時もあるでしょうが、それは夫婦であっても同じことです。経済的には、一人の収入で家計をやりくりしながら子どもを育てることは、特に低所得者の場合は、困難を伴うにちがいありません。ただそのような場合は、ひとり親には子ども手当に加算がありますし、ひとり親が学生であれば、学生奨学金にも追加金が支給されます。誰もが文化的で豊かな暮らしができる安全ネットの仕組みが整備されている社会では、ひとり親でも、シングルマザーでも、その人なりに「自分らしい生活」ができるのです。

八　女性の強い味方

●女性の強い味方──労働組合

デンマークの女性は、子どもを出産しても恵まれた産休・育休があり、職場復帰に際しても子どもを預ける保育保障があり、子どもが学校に入学したあとも学童保育が完備されているので、安心して仕事に従事することが可能です。そしてさらに、職場で起きる可能性がある「理不尽なあつかい」に一人で悩まずに、安心して仕事に取り組めるための労働組合が存在しています。

デンマークの労働組合は、職業別労働組合で、日本のような企業別労働組合とは異なります。

デンマークの労働組合は、１２０年以上前の１８９８年に設立され、総本部であるデンマーク全国労働者団体（ＬＯ）があり、その傘下に職種別に17の大きな組合組織があります。ＬＯの役割は、政治的かつ総体的な合意関連事項をあつかい、ＬＯの交渉の相手は、デンマーク雇用者組合（ＤＡ）です。１９７０年の後半までは、この2団体が労使交渉に当たっていましたが、１９８０年代からは、ＬＯ傘下の労働組合も交渉に参加することが認められ、現場の声をより反映させることが可能になりました。

現在デンマークの労働者人口は約２９４万人で、その中で組合に加盟している人口は、男女合わせて１８６万人です。そして女性の加盟率は、51・１％を占めています。男性より女性の加盟率がやや高いのは、やはり女性の方が加盟することで安心感を持つからなのかもしれません。

デンマークの労働市場は、世界的にも「デンマークモデル」といわれており、他の国の労働市場とは労使関係がかなり異なっています。どこがちがうかといいますと、大半の国では、労働条件に関するさまざまな事がらを国が法律で定めていますが、デンマークでは、法律を基準とするのではなく、雇用者団体と労働者団体が、独自に、賃金や労働時間などの労働条件を交渉し、労使協定に導いています。

オイルショックからなかなか立ち直れずに不況が続いた１９７０年代半ばから１９９０年代初めの時期には、企業経営を存続させること自体困難だったのですが、当時の労働組合は、賃金値上げを要求する代わりに、労働時間の短縮と労働環境の改善を要求し、雇用者側は、仕事の合理化・効率化・生産性の向上を求めました。デンマークが長年の不況から抜け出すことができたのは、こうした労使間のフレキシブルな信頼関係があったからだと思います。

また数年前には、全国の看護師・療法士・ケアワーカーたち（その大半が女性）が、命をあずかる大切な仕事をしている割に給料が低すぎることに不満を抱いて、全国的なストライキを数週間にわたり実施したことがありました。職業別労働組合の強力な組織力と緻密な計画に基づいたこのストライキは、患者や利用者や一般市民からも理解されて、事故もなく無事終了。そしてこれらの仕事をしている人たちは、目標としていた10％以上の賃金値上げをゲットすることができました。百年以上の長い歴史の中で、労使が相互信頼と責任を分かち合う関係を築き上げ、「デンマークモデル」を構築してきたわけですが、デンマーク人は「この労使関係は、他に類を見ないすばらしいものだ。」と、誇りに思っているのです。

●もう一つの味方――失業保険

デンマークの女性は、将来自分が働きたいと思う職種を目指して教育を選択し、資格を取得し、そして教育が終了すると、取得した資格を活かして就職先を選びます。ですから目指した就職先が決まると、「夢に描いていた職場に入れた！」と目を輝かせて働きはじめます。そして彼女たちは、自分の立場を守るために、自分の職種を扱う「職業別労働組合」に加盟しますが、これと同時に、失業保険金庫（Arbejdesløshedskasse、通称 A-kasse）に入会し、「まさかの失業」に備えます。

A-kasseは、運営を国から委託された事業団体で、国内に24か所ありますが、その多くは労働組合に併設されているので、組合に加盟すると、組合費＋A-kasse費を一緒に支払って「万一の失業」に備えることになります。現在A-kasseには、約220万人（2019年現在）が加盟しています。

実はデンマークでは、資格教育を受けている最中の学生でも、組合とA-kasseに加盟することが可能で、卒業した直後に就職できないような事態が起きた時には、きちんと保障を受けられます。しかも学生の場合は、組合費は無料です。目指した仕事にすぐに就けないのは残念なことですが、路頭に迷うことなく就職活動を続けることができるのは助かります。ここからも、国をあげて人材に投資していることがわかります。

経営不振による人材カットや企業の海外移転による失職、または企業の倒産・閉鎖などで失業するケースは、どこの国の職場でも起こりうることです。大好きだった職場や仕事を失うことは、誰にとっても突然目の前が真っ暗になるような出来事でしょう。でもデンマークの労働者は、他の国の失業者に比べると、そう「お先まっ暗」にはならないようです。というのは、A-kasseの会員であれば、失業保険で今後の生活のめどが立ち、路頭に迷うことがないからです。

デンマークでは、もし失業した場合は、失業勧告を受けた直後にA-kasseにこれを知らせるとともに、自分の住んでいる市の職業安定所「ジョブセンター」に登録して、自分ができるだけ早く次の仕事に従事する準備があるという意思表示をします。そしてその手続きが終了すると、今までの給料の90％（ただし最大月額1万8866クローネ（約29万8000円、2019年現在）を2年間受けることができます。デンマーク人の平均的な所得が月額2万6670クローネ（約42万1000円）ですから、失業手当は平均より低めということになります。失業中は、ジョブセンターに定期的に通って担当者と面接し、企業紹介やレベルアップのための職業訓練を受けることになりますが、ジョブセンターの担当者は、失業者の個々の状況を吟味しながら、なるべく早く労働市場に復帰できるようにさまざまな支援をします。

このようにデンマークでは、A-kasseという失業保険制度によって労働者の生活が保障されると同時に、雇用者側としても法律に沿った労働者解雇が比較的容易になっていて、これがデンマークの労働市場に流動性を生み出しています。そしてこのことを、「フレキシキュリティー」（Flexicurity=flexibilityとsecurityを組み合わせた造語）と呼ぶようになり、世界的に注目されるようになりました。このような制度からも、女性の社会進出を支えるしくみがしっかり整備されていることがうかがえます。

●保育士と保育士アシスタントの組合

ソリダリティー（Solidaritet）という言葉は、デンマーク人が社会生活をいとなむ上で、大変大きな意味を持つ言葉です。「個」を尊重しながらも、共通の責任や関心に対しては、団結・結束してみなで考えて行動しようとする概念です。デンマークの労働組合は、「同じ職業・職種が集まって団結することで、ものごとを変えていくことができる。」というソリダリティーの概念に基づいて発展してきました。

子どもの成長を支える保育園は、女性のスタッフが多い職場なので、出産にまつわる労働条件が気になるところです。産休・育休の条件に限らず、給与や勤務時間などの労働条件は、働くものにしてみれば、去年より今年、今年より来年と次第に条件が良くなることにしたことはありません。

そのため3年半の教育を受けた保育士（pædagog）たちの大半は、1973年に設立された青少年教育全国協会（通称BUPL）に加盟しており、その会員数は現在約6万人といわれています。これは、乳児幼児保育にあたっている保育士と放課後の学童保育などで指導にあたる保育士の80%にあたります。ただ保育園には、保育士だけでなく保育士アシスタント（pædagog assistant）と呼ばれる人たちも働いています。彼らは、職業専門学校（中等教育）で資格を取った人たちで、介護専門職と同様、短期教育資格の職種が加盟する専門職組合（FOA）に加盟しています。

このように、保育士と保育士アシスタントではそれぞれ加盟している労働組合がちがいますが、どちらの労働組合も、職場における組合員の関心事や課題をより良い状態へと変えていくために、労使協議の場で交渉することになります。組合の手腕が問われるのです。

今デンマークの保育分野では、乳児・幼児保育にたずさわっているスタッフの「最低人員数」

と「質」を定義してほしいという業界からの要望が強く出されており、これが政治的にも社会的にも大きなテーマになっています。「最低人員定数」とは一定の子ども数に対するスタッフの割合で、これは今のところ市によってかなりまちまちです。また「質」の定義というのは、３年半の学士教育を受けた保育士と短期資格教育を受けた保育士アシスタントの雇用バランスを意味しています。このテーマに対して、ＢＵＰＬ労働組合では、保育士の雇用実態（保育園での保育士とアシスタントの雇用比率）が現在全国平均57％のところを、将来的に80％にまで上げるべきだと提案しています。さらに０〜２歳児の乳児に対しては、３人の乳児に１人の保育士、３〜５歳児に対しては、６人の幼児に対して１人の保育士を最低人員数にしてほしいと提案しています。

保育園のスタッフを男女別で見ると、やはり保育士は園長を含め伝統的に女性が圧倒的に多い職場です。現在女性が85％で男性は15％に過ぎません（２０１９年ＦＯＡ労働組合調査）。デンマーク保育士協会は、子どもたちの育成には男女両方が子どもに関わることが好ましいと考えていて、今後、より多くの男性保育士が誕生することを期待しているようです。

九　グローバル・ジェンダーギャップ指数から見えてくるもの

●2019年国際比較調査の結果

皆さんは、世界経済フォーラム（World Economic Forum）という組織が毎年発表しているグローバル・ジェンダーギャップ指数（Global Gender Gap Index）レポートをご存知ですか？　近年日本のメディアもかなり取り上げているので、ご存知の方も多いことと思います。

この国際調査は２００６年にスタートしましたが、年々対象国の数が増え、２０１９年版では１５３か国になりました。国連加盟国が現在１９３か国ですから、先進国・開発国を問わず、８割近い国が調査の対象になっているわけです。

この調査では、男女間のギャップがどの程度かを次の4分野で比較し、国際ランキングを出しています（男性を1とした時の女性数値）。

①経済参画とその可能性、②教育達成、③健康と生存率、④政治への参画

この調査結果が日本でもかなり話題に上っているのは、日本が他の先進国から大きく差をつけられて、１５３か国中１２１位というなんともお粗末な結果に終わったからです。参考までに、ランキングトップ10か国および主要国の数値を紹介します（１０８〜１０９ページ参照）。

この調査結果からは、さまざまなことが見えてきます。内外多数の専門家が分析していますので、関心を持たれた方は是非調べてください。ここでは、私たちなりに興味深く思われる点をいくつか挙げてみます。


⑴デンマークを除くノルディック諸国（アイスランド、ノルウェー、フィンランド、スウェーデン）がトップを独占している。アイスランドは11年間連続トップ。その一番大きな要因は、女性の政治参画が進んでいること。

⑵デンマークが他のノルディック諸国と差をつけられているのは、政治参画分野と経済参画分野。

⑶日本が他の先進国に大きく遅れを取っているのは、経済参画と政治参画の2分野で、特に政治参画は、男女格差が男性1に対して女性0・049という深刻な状況。

⑷全般的に、男女格差が最も顕著に表れているのは政治参画分野で、1位のアイスランドですら、男性1に対して女性は0・7であり、他の国では0・6またはそれ以下になっている。次に格差が大きいのは経済参画分野だが、教育・健康分野では男女差はかなり改善されてきている。

●デンマークの14位が意味すること

デンマークでは、19世紀後半に女性全国組織が結成され、20世紀初めに女性参政権を獲得するなど、百年以上前から女性が積極的に地位向上のための社会運動を進め、女性がイキイキ活躍で

教育達成		健康・生存		政治参画	
順位	スコア	順位	スコア	順位	スコア
36	0.999	123	0.968	1	0.701
31	1.000	96	0.972	2	0.598
1	1.000	56	0.977	5	0.563
59	0.996	117	0.969	9	0.525
1	1.000	1	0.980	3	0.565
1	1.000	109	0.970	13	0.474
47	0.998	113	0.970	11	0.493
43	0.998	93	0.972	8	0.527
114	0.957	90	0.973	4	0.563
103	0.972	86	0.973	12	0.477
1	1.000	101	0.971	17	0.421
34	1.000	70	0.976	86	0.164
100	0.937	153	0.926	96	0.154
91	0.983	40	0.979	144	0.049

きる社会を築いてきました。そういう点からも、「他のノルディック諸国に劣ることはないはずだ。」と誰もが思っていたし、私たちもそう信じていました。ですから、数年前にこの国際比較調査の結果を知った時から最近まで、この差がどうして生じるのか、なかなか理解できずにいました。

ただいろいろ調べていくうちに、「政治参画」分野で他のノルディック諸国と差をつけられている大きな要因が、「クオーター制」導入の有無にあることに気づきました。前項の「出産・育児休業と復職」でも触れたように、トップ4か国が「クオーター制」をさまざまな分野で積極的に導入しているのに対して、デンマークはかなり消極的な風潮が、政治家

	グローバル指数		経済参画	
国名	ランク	スコア	順位	スコア
アイスランド	1	0.879	2	0.839
ノルウェー	2	0.842	11	0.798
フィンランド	3	0.832	18	0.788
スウェーデン	4	0.820	16	0.790
ニカラグア	5	0.804	81	0.671
ニュージーランド	6	0.799	27	0.753
アイルランド	7	0.798	43	0.732
スペイン	8	0.795	72	0.681
ウワンダ	9	0.791	79	0.672
ドイツ	10	0.787	48	0.723
デンマーク	14	0.782	41	0.735
アメリカ	53	0.724	26	0.756
中国	106	0.676	91	0.651
日本	121	0.652	115	0.598

にもオピニオンリーダーにも、そして男女問わず一般デンマーク人にも根強いのです。もちろん積極的に導入すべきだと考える人もいるのですが……。

ではなぜデンマークだけ消極的なのでしょう？　若手女性研究者イア・ウトフト（Ea Utoft、Human Resource Management、Phd、Aahus University）は、「デンマークでは、主に男性に、『すでに男女平等社会が実現しているのだから、ここにクオーター制を導入してさらに女性を優遇する必要はない。』と考える人が多く、また女性の中には『重要な役職に就くかどうかは、本人の実力で判断されるべきで、女性優遇政策があるから選出されたと思われたくない。』という意見が結構強く、企業役員・大学教授・選挙戦などにクオーター制を導入することに抵抗を感じる人が多いようです。」と語ります。

またさらに、「クオーター制は非常に効果的なので、今すぐ結果を出したい場合は、これに限りますが、それ以外にも男女格差を縮める方法はあるでしょう。今どの分野においても、革新や創造の基盤は、『多様性』であることを疑う人はいません。ですから、企業や大学などが成果を上げて社会から高く評価されるためには、多様性に富む人材構成がとても重要で、女性が職務に就きやすい文化と環境を整備することも、その一環として当然求められることになります。ポストに就けるだけの優秀な女性は既にいるのですから。」とも分析しています。

２０１９年に発足したデンマーク新内閣では、20名の閣僚中女性は（わずか）７名（35％）。株式上場大手企業37社の役員会に占める女性比率は25％。男女平等社会が実現されている社会だと正々堂々と誇るには、デンマークもまだまだ改善努力が必要なのです。

●EUで起きていること

そんな中、２０１９年には、ＥＵ議会選挙が実施され、さらに任期５年の欧州委員会メンバーやヨーロッパ中央銀行総裁などの重要ポストが交代しました。その結果、ＥＵ組織の中でも際立って重要ポストである①欧州委員会の委員長にはドイツの元防衛大臣、②副委員長の一人には、元政党党首で経済・内務大臣、さらに過去５年間ＥＵ競争委員（European Commissioner of Competition）を勤めたデンマーク人、また③ヨーロッパ中央銀行総裁には元経済・財政・産業大臣で、

２０１１年から国際基金（ＩＭＦ）専務理事を務めたフランス人が選ばれました。そしてこれら３人全員が女性です。

デンマークのメディアは、このニュースを、「彼らはガラス張りの天井を、大きな音とともに突き破った。」というタイトルで報道しました。「ガラス張りの天井」とは、見えないようで存在しているジェンダーギャップのことです。そしてこの３人を選出したのは、ＥＵ加盟国の首相や大統領たちで、その大半は男性なのですから、この象徴的な発信力は、極めて大きいといえるでしょう。

●日本の結果に思うこと

男女平等が完全に実現されているとはいえなくても、国際的に見れば、かなり目標に近づいてきているデンマークでは、じっくり構えるデンマーク流も「一理あり」なのかもしれませんが、今回のグローバル・ジェンダーギャップ指数調査で、先進国の中で男女格差が際立って大きい今の日本では、そんな悠長なことはいっていられないのではないかと思います。特に政治および経済分野で、早急かつ大胆な政策を取って改善しなければ、日本が先進国メンバーのステータスをこれからも保持できるかどうか危うい……、と私たちは懸念しています。

女性国会議員の比率では、日本は１９１か国中１４４位で13・８％（世界計25・30％、２０１９年ＩＰＵ調査）、女性閣僚比率では、日本は日経新聞記事（２０１９年3月）によると、１８８か国中

171位で5・3%というように、女性政治家の比率が1割程度で低迷し、一向に政治参加が進んでいません。

2018年には、選挙で候補者を「男女均等」にすることを目指す法律が施行され、また2020年までに30%を目指すといったことも聞かれますが、日本の政治学専門の三浦まり上智大学教授は、「政治学で見ると、最低でも女性国会議員比率が30%以上に届かないと、質的な転換が起きてきません。」と語り、さらに「日本社会は、家事や育児、介護などの責任を主体的にになわない人をモデルにして組み立てられ過ぎている……意思決定の場に女性が増えていけば、これまで当然とされてきた仕組みを変えていける可能性があります。逆に、似たような人たちだけで集まって内輪の論理で話を続けていても、社会や経済を成長に向かわせるダイナミズムは生まれてこないでしょう。」とも。

前述のデンマーク人ヒューマン・リソース・マネージメント専門研究者と日本のジェンダー・ポリティックス専門教授の見解には、共通項が多々あるように思います。少子化・人手不足がますます進む今の日本。その深刻な問題を少しでも改善して、日本の経済力をキープするには、海外からの人材輸入を考える以前に、人口の約半分を占める女性のパワーを最大限活用する努力、これが最優先事項ではないでしょうか？　そしてそれは、特定の人に任すのではなくて、ごくごく一般の女性、またごくごく一般の男性が、責任の一端をになう覚悟と、どんな形でも良いので、自分なりに実行する努力がなければ進まないのではありませんか？

十　イキイキデンマーク人女性にインタビュー①

　サンネさん（Sanne Biehl、53歳）は、コペンハーゲン郊外の町の美容院に30年以上勤務する美容師さん。30歳で結婚し、その15年後に離婚してからは、二人の子どもを働きながら一人で育ててきました。今は子どもは二人とも独立して、それぞれ自活生活を送りながら大学で勉強しています。サンネさんは今シングルですが、2年間つきあっている彼氏（48歳）がいます。

まず彼女の生い立ちや、美容師になった経緯を聞いてみました。

「実は、私の祖母も母も美容師でした。母はいつも私に、『美容師の仕事はきついから、あなたは美容師になるのだけはやめなさい。』といっていました。たしかにつらかったかもしれないけれど、仕事から帰ってきた母は、いつもイキイキしていたし、他の人をキレイにして喜ばせる仕事はいいなと思い、母の忠告とは逆に、子どもの頃から美容師にあこがれていました。中学2年生の時に1週間職場体験実習があって、私はクリエイティブなことをしてみたかったので、劇場の仕事を体験しました。その時一人の劇団員から、『君は美容師に向いていると思うよ。』といわれ、やはりそうかと思い、美容師になる決心がついたのだと思います。私は、その頃多くのクラスメートがしていたように、1年プラスして10年生まで学校に通い、その後職業専門学校に進みました。当時は1年間の基礎課程が終わったら実習先の職場を見つける必要があり、知人の紹介で今の美容院に入りました。学校での理論と職場での見習い実技を交互にくり返しながら、合計4年で美容師の資格を取りました。21歳の時のことです。」

職場のこと、今の仕事についてもう少し詳しく話してください。

「今働いている美容院は、コペンハーゲン地域に7店舗持つチェーン店の一つで、スタッフは、私を含めて14人。20年ほど前に主任になって、通常の美容師の仕事のほかに、人事や仕入れなどをまかされています。今の仕事は、100%満足していますね。スタッフは私と同世代のベテランが二人と、あとは若い女性で、職場の雰囲気がダイナミックだし、なによりも、お客さんが私の仕事でキレイに変身して喜んでくれることが、日々の喜びになっています。子どもが生まれてからは、週37時間のフルタイムを週32時間に減らし、月水木は9時～3時半、金曜は9時～6時、火曜と土曜は隔週出勤という勤務体制になっています。子どもたちが独立した今でも、この勤務体制は変えるつもりはありません。お給料は、基本給＋出来高＋主任手当で、今の給料で生活に全く困らないから満足しています。」

「それから、就職時に、『2年に1度、ロンドンで研修を受けて新しい技術を学びたい。』という希望を出したら、それが認められて契約条件に入り、長年その機会を持つことができました。

仕事中のサンネさん

良い職場に恵まれて、ラッキーだったと思いますよ。ですからまだ独身だった頃は、勤務時間外に、若い実習生たちの指導で恩返しもしましたね。」

デンマークでは、働いている人の組合加盟率が高いですが、あなたの場合は？

「もちろん加盟しています。失業手当掛け金も含めて月約1万3000円払っています。私は、特に組合に援助を求めたことはないけれど、女性が多く働いているこの業界には、出産・勤務時間・労働環境などで雇用者側とトラブルが起きるケースもないとはいえなくて、そういう同僚を組合がちゃんと支援できるために、私も組合費を払い続けているようなものかしら。」

家庭のこと、子どものこと、離婚のことなどについて聞いてみました。

「私は就職した時点で独立して、賃貸アパートで生活しましたが、それからお金を貯めて、マンションを買い、また通勤用に車も買いました。そして結婚を契機に実家に近い所に夫と一軒家を購入し、今でもここに住んでいます。夫は結婚15年目に彼女ができて別れましたが、そんな原因だったので、二人の子どもの親権は私が持ち、家も私がキープすることになったんです。シングルマザーになった私は、仕事も大事でしたが、当時思春期を迎えていた子どもたちがすくすく成長してくれることがなによりも大切だったので、勤務時間を減らして、子どもと過ごす時間を多く持つことに努めました。大変でなかったといえば嘘になるけれど、職場の理解や両親の支援があったので、家庭と仕事の両立が可能だったと思います。」

休暇はどう過ごしていますか?

「年間の有給休暇は6週間なので、これを100%使っています。子どもたちが同居していた頃は家族で、そして今は彼氏や女友だちと一緒にバカンスを過ごすこともあります。海外に行くこともありますが、私は親しい人たちと一緒にリラックスできれば、どこでも構わないですね。」

彼氏と一緒に住む予定はありませんか?

「彼とは、インターネットのデーティングサイトで知り合いました。この歳になると、パーティーなどで彼氏を探すより、デーティングサイトの方が向いているように思って。しばらくメールをやり取りして、気が合って良いなとお互いに思うようになってから直接会って、本格的な交際がはじまりました。彼も離婚経験者で、10代の二人の子どもが2週間交代で父親の所で暮らしています。彼の子どもたちとはよくバカンスを一緒に過ごしたこともあって、とても良い関係なのですが、私は彼らの母親ではないし、そうなろうとも思わないので、彼らが独立するまでは、私と彼は別々の家で暮らし、会いたい時に会うスタイルがベストだと思っています。彼の子どもたちが独立したあとのことはまだわかりませんけれど、別に婚姻届けを出す必要性はないので、同居することになるかもしれませんね。」

最後に、いつ頃まで仕事を続けたいか、退職後の計画などがあれば聞かせて下さい。

「私たちの世代は、67歳ではじめて国民年金が支給されることになるけれど、それまで今の仕事をずっと続けるのは無理でしょうね。やはりかなり体力を使うし、結構立ちっぱなしなので、腰痛も出たりしますしね。でもいつ辞めてそのあとなにをするかは、いろいろな可能性があってまだ具体化していません。でもその時困らないように、しっかり貯金はしていますよ。それから81歳の父が認知症とパーキンソン病を患って、母だけでは大変なので、ほとんど毎日のように行ききして一緒に食事を取ることが多くなっています。必要な介護は、公的サービスが受けられて問題ないけれど、やはりスープの冷めない距離に家族がいるのは良いことだと思いますね。」

イキイキデンマーク人女性にインタビュー②

アネッテさん（Anette Roepstorff）は52歳。長年市の国民学校で保育士（pædagog）として働いてきました。最近学校に自閉症クラスが設置されたのを機に、彼女はこの特別クラス専属の保育士になりました。自閉症クラスには現在7名の生徒が通っており、これを3人の保育士と2人の教師チームが担当しています。

彼女は、9歳年上の夫ハンス・ヨーゲンさん（Hans Jørgen Roepstorff）と24歳の時に結婚して3人の子どもの母となりましたが、9年後に離婚。両親どちらにも親権があるので、その後は仕事をしながら1週間ごとに子どもと暮らす日々が続きました。しかし末息子がパニック障害になり、彼のためには両親がそろってケアすることが必要だと考えた二人は、再び同じ屋根の下で暮らすことになりました。ただし、今度は再婚せず、同居という形を取っているのだそうです。

アネッテさんに、資格教育のことや仕事について聞いてみました。

「10年生を卒業してから、しばらく広告会社で見習いとして働きましたが、やはり高校は出ておきたいと思い、2年制高校に入って、21歳で卒業しました。私がクラスで一番年上でしたね。

アネッテさん

その後すぐに、今の学校に保育士ヘルパーとして就職しました。主に低学年の学童保育や、特殊な事情をかかえている児童のための支援スタッフとしてフルタイムで働いていました。ただ資格を持っていないと不利なことが多いので、離婚後に1年間休職して学校に通い、保育士の資格を取りました。普通だと3年半かかるのですが、私は現場経験が長かったから、かなり単位を免除してもらえました。ただ授業料は、年間58万円ほどかかりましたけれどね。」＊

「子どもが生まれてからは、週30時間勤務にしました。早番の時は朝7時半から14時、遅番の時は9時半から16時です。学校での保育士の仕事は、授業を持ったり、放課後の学童保育を担当したり、市の臨床心理士などと話し合ったり、担当範囲がとても広くて、まるで自分がピンポン玉のように感じられて。だから仕事に満足しているかと問われたら、『イエス&ノー』と答えるでしょうね。そんなこともあって、自閉症特別クラスでじっくり腰をすえて働いてみようと思ったわけです。でも今は、新学期がはじまったばかりで、子どもたちは慣れない環境の中で落ち着きがなくて、毎日がバトルですけれど……。」

「それから私は今副業として、2週間に1度、5歳の障がい児を週末自宅で預かってお世話しています。子どもの家族の負担軽減になりますし、自分のキャリアも活かせますしね。あとボランティアで子ども電話相談もやっています。今の学校での仕事はどこまで続けるかわかりませんが、多分60歳になるまでには仕事を替えて、ハンディをかかえている若者たちのための施設とか、グループホームのような職場で働くことになるかもしれません。」

もう少しお子さんのことやあなたの家族のことを聞かせてください。

「数年前に独立した24歳の長女は、自立心がとても強くて、高校卒業後はロンドンで2年間住み込みベビーシッターの仕事をしながら英語を勉強するなど、将来に役立つアルバイトをしてお金をかせぎ、今は商科大学2年生で勉強中。21歳の長男は、目下プロのサッカー選手としてがんばっています。いずれは資格教育も取ると思いますが、今はサッカーひとすじといったところですね。それから17歳になる次男は、4年生の頃に学校の先生から『数学が弱い』といわれたことが引き金になって勉強恐怖症になり、学校の授業や好きだったサッカーにも参加しづらくなっています。いじめが原因ではありません。彼には、『きっと自分に適した道や可能性があるはずだから、じっくり探していこうね。』と話しているんです。」

「元夫とは、今また一緒に暮らしていて、子どものことだけでなく、家事も二人で分担しています。ただ力仕事はもっぱら彼で、家庭菜園が好きな私が主に料理を担当。だから夫婦でなくても、共同生活はうまくやっていますよ。息子たちが独立してからどうなるかは、その時点で考えることにします。船員だった父と老人ホームで看護師をしていた母は、退職後に遠い島に移り住むことを決めて、それを実行しました。父が亡くなってからも、母はそこで一人暮らしをしています。これは親が決めたことですから尊重していますが、たまに休暇で家族そろって訪ねると、とても喜んでくれます。」

デンマーク人の幸福度は世界トップといわれていますが、あなたはどう思いますか?

「あまりその実感はありませんが、デンマークは良い国だと思いますよ。なんといっても、自分の人生を自分で決めることができますからね。だからこれからも、仕事に、ボランティア活動に、そして趣味の絵画に、いろいろチャレンジしてみたいと思っています。そして自分の子どもにも、そうでない子どもたちにも、彼らの自立を支援すること、これが私の使命なのでしょうね。」

＊デンマークの教育は基本的に税金で賄われていて無償ですが、私立学校や特別講座など一部個

人負担の教育機関もあります。

イキイキデンマーク人女性にインタビュー③

今度は、出産休暇を間近にひかえた34歳の女性イーダさん（Ida Aistrup）と、10歳年上の夫トーアさん（Thore Vonsek）へのインタビューです。二人は9年前に仕事を通じて知り合い、6年間同棲したのち、3年前に結婚しました。トーアさんには前妻との間に14歳の男の子と11歳の二卵性双生児がおり、3人の子どもたちは、1週間おきにイーダとトーアのところで生活し、学校に通っています。そしてもうすぐ、二人が待ち望んでいた赤ちゃん（男の子）が誕生します。

まず、産休と出産、そして育休から復職について聞いてみましょう。

イーダ「私の場合は、希望すれば出産予定日の8週間前から産休に入れるのですが、妊娠経過が順調なので、6週間前から入ることにして、使わなかった2週間は産後に回すことにしました。家での出産も考えましたが、私にとっては初産なので、今回は病院で出産します。病院にはすでに数回通って、スクリーニングもしてもらいました。」

トーアさんにとっては4人目のお子さんですが、出産に立ち会いますか？

トーア「もちろんですよ。上の子どもたちの時も、毎回出産に立ち会いましたしね。育休は、出産後2週間とあとから3カ月取ります。父親が育休を取ることは、妻のためにも、子どものためにも、そしてなにより自分にとっても大切なことですね。父親と子どもの絆がここで生まれますから。今から楽しみにしています。」

イーダ「私は国営テレビ局（通称DR）に勤めているのですが、やはり公的機関だけあって、スタッフの産休・育休条件はとても良くて、最後の1か月間だけ多少収入が減りますが、あとは全額給与が支給されます。経済的な不安がないのは助かりますね。二人目の子どもも将来ほしいので、そういう意味でもこの職場は離れたくないですね。育休後に勤務時間を短縮する人がけっこう多いけれど、私たちの場合は、二人ともフルタイム勤務に戻るつもりです。どちらの仕事もフレキシブルなので、二人が協力し合えば、うまくいくでしょう。家のローン返済があって、経済的にも必要という裏事情もありますけれどね……。」

イーダさんは国営テレビ勤務とのことですが、お二人の仕事や勤務状況などについて聞かせてください。

イーダ「3年前からは、プロジェクトリーダーとして働いています。リーダーといっても、部下は一人もいませんけれど。簡単にいえば、番組に関するさまざまなアイデアや提案が上がってきたら、編集者と一緒にフィルターにかける仕事といえるかしら。以前テレビニュースの部署にいたことがありますが、ここは当番制で、夜間や週末の仕事もあるから、子どもがいる家庭の場合は難しいでしょうね。今の仕事はそれなりに満足していますが、復職してからチャンスがあれば、同じ職場でも別の仕事をしてみたいですね。やはりチャレンジが多いと、仕事へのモチベーションがぐっと上がりますから。」

トーア「実は私の職場もテレビ局でして、でも今は、イーダの職場のコンペティターの半官半民テレビ局（ＴＶ２）で編集者として働いています。さまざまな番組の大枠や戦略を考える仕事です。私も勤務時間はとてもフレキシブルで、場合によっては夜オフィスで仕事をすることもあれば、昼から2時間ほど出勤して帰ることもありきです。イーダとは職場がちがっても、似たような仕事をしているので、お互いにアドバイスしたり、番組に関して意見交換したり、仕事上でも良きパートナーです。この仕事はしばらく続けるつもりですが、もしかすると、将来独立して制作会社を起こすかもしれません。でも競争が激しい業界なのでラクではないでしょう。」

イーダ「単にお給料をもらうために働くのではなくて、なぜこの仕事をしているのか、自分の仕事が社会に役立っているか、常に自分自身に問いかけて、意味のある仕事がしたいですね。そ

イーダさんと夫のトーアさん

れが見出せなくなったら、新たな仕事を探す時期がきたということかもしれません。」

話題を変えて、イーダさんの生い立ちや受けた教育について話してください。

イーダ　「私は3人兄弟の末っ子で、母はソーシャルワーカー、父は保険会社勤務でしたが、今は二人とも退職しています。小さい頃から『できることは自分で』が我が家のモットーでした。だから『自分の将来も、自分で決めなさい。』だったんですが、私は将来なにをしたらよいかなかなか決められなくて、高校を卒業してからデンマークの国民高等学校で半年間過ごしましたし、イタリアの学校でバイトもして、3年ブランクがありました。そして21歳で大学に入学し、ジャーナリズムとメディアを専攻しました。在学中に今の職場の国営テレビ局（DR）で1年間実習生としてニュースの仕事を体験したり、もう1年間休学して働いたりしたので、卒業するまでに7年かかりました。かなり時間がかかったけれど、ようやくこれが自分の進む道だと確信できて、卒業してからは、テレビ番組制作会社勤務を経て、結局DRに就職しました。それからほどなくして、今の仕事をまかされるようになったんです。」

なるほど。「時間がかかっても、自分の人生は自分で決める。」を実践してきたのですね。ではトーアさんとの生活について、少し聞いてもいいですか？

イーダ「彼と出会ったのは25歳の時。10歳年上で、しかも3人の子どもがいる人と暮らすことに、多分両親や兄弟たちは心配したと思います。でも二人の気持ちは固かったし、家族からは、まったく反対されませんでした。その頃彼の子どもは5歳と2歳で、物心つく頃から私がそばにいたので、とても慕ってくれています。いつもは互いに名前で呼び合っていますが、私は彼らにとって『ボーナス・ママ』なんです。この名称はポジティブな響きがあるので、とても気に入っています。」

イーダ「家事ですが、掃除は外注でしてもらっていますが、あとは全部私たちがほぼ半々でやっています。私たちの場合、1週間は子どもたちがいる生活、次の週は二人だけの生活というように、これまでは週ごとにリズムが大きく変わっていましたから、趣味や余暇の活動は、主に二人だけの週にしていました。彼はテニス、私は陶芸が趣味。そして友人や家族との時間も大切にしています。出産後は生活リズムがかなり変わってくるでしょうね。」

最後に結婚についてひとこと

イーダ「ずっと同棲で通しているカップルもたくさんいるけれど、やはり婚姻届けを出すということは、親権や財産相続のことも含め、互いに保証し合うことになるので、実践面で大きな意味がありますね。でも私たちの場合は、単にそれだけではなくて、二人の愛をちゃんと周囲の人たちに示したかったたし、大きなパーティーをしたかったから結婚することにしたんです。教会とか市役所でなく、市議会議員さんにきてもらって、60人招待して、我が家で結婚式を挙げました。ロマンチックでしょ。」

イキイキデンマーク人女性にインタビュー④

クリスティーネさん（Christine Mohr Balslev）は、今回インタビューに応じてくれたデンマーク女性の最年少で27歳の独身です。1年前に投資会社に就職し、現在はフルタイム勤務で、ビジネスサポーターおよびパーソナルアシスタントという役職で働いています。

まずあなたの生い立ちや、就職に至るまでのことを聞かせてください。

「私は両親と3歳年上の姉の4人家族で、コペンハーゲン郊外の町で生まれ育ちました。父（67歳）は弁護士で、母（59歳）は大きな石油会社で働くキャリアウーマンで、長年にわたりアフリカ・東南アジア・ヨーロッパ諸国での海外勤務をこなしています。ただ両親は、私が7歳の時に離婚して、二人で話し合った結果、父が親権を持つことになりました。そのため姉と私は、父と過ごす時間が多かったけれど、父とは10日、母とは4日というリズムでした。私はまだ幼かったので、両親の離婚をそれほどつらいと感じたことはなかったけれど、姉にとっては、つらかったかもしれません。」

「乳児・幼児保育園に通い、それから国民学校に9年間通って卒業。この時点で母はインドネシアに駐在していたので、私は高校にすぐ入学せず、半年間インドネシアのインターナショナルスクールに留学して母と暮らし、その後半年間は、交換留学生としてアメリカで生活しました。その時のホストファミリーとは、今でも交流が続いています。1年後に帰国して高校に入学し、私は英語・社会科・心理学を主要科目として選択しました。社会の実情をしっかり把握したくて社会科を、そして心理学は未知の分野で興味があったので選び、また数学も好きだったので上級レベルを選びました。学校の勉強はがんばったので、良い成績で卒業できました。」

あなたは小さい頃からがんばり屋さんだったのですね。それからどうしましたか？

クリスティーネさん、オフィスで

「将来ビジネスの道に進みたいと思い、商科大学に入学することを決めて、手続きもして入学許可ももらいました。でも大学にはすぐ入学せずに1年間休みを取って、いろいろな社会経験を積みながらお金を貯めることにしました。これは私だけでなく、多くのデンマークの若者がしていることですよね。まず9カ月間保育園で保育ヘルパーとして働き、それから南アフリカのサファリロッジでデンマーク人観光客の接待の仕事をしました。エアチケットは自己負担でしたが、ロッジでの宿泊・食費はただで、多少の謝礼金がもらえました。」

大学生活はどうでしたか？

「帰国してすぐに商科大学に入学し、ビジネス関連科目以外に、心理学も取りました。

ビジネスの世界でも、ストレスとか心理学的知識は役立ちますから。3年で学士の資格を取り、さらに2年間勉強して修士の資格を取りました。その頃母と私は、共同マンションを買おうと決めていたので、在学中にもアルバイトをしてお金を稼ぎました。初めの2年間は以前働いていた保育園で、その後ラディソン・ホテルグループで3年間、週15時間程度アルバイトしました。卒業したらすぐ就職したかったので、卒論を書いていた頃から仕事を探しはじめましたね。可能性はいろいろあったのですが、求人情報の中から友人が、『あなたに向いているんじゃない？』と勧めてくれたのが、タイム・インベスト（Time Invest）という今働いている会社でした。」

デンマークだと大半の学生は、卒業して、資格を取ってから仕事を探すけれど、あなたは在学中から就活をはじめていたのね。では就職してからのこと、仕事のことを話してください。

「卒論提出の2週間前に就職希望の申請書を出したら、面接することになって、会社側から雇用条件とか仕事内容を聞き、私からも希望を出しました。面接前に業界企業の給与レベルを調べておきましたが、初任給は平均より良かったし、初年度から5週間有給休暇がもらえる条件がとても魅力的だったので、就職を決めました。職場は14人のスタッフで、男性が11人、女性が3人です。やはり投資関連企業だと、男性が多いですね。勤務時間は、一応8時半出勤、4時半～5時退社で週37時間ですが、フレックスタイム制だし、自分の仕事をしっかりやれば良いので、時間は完全に自己管理です。」

あなたが担当している仕事の内容は？

「ビジネスサポーターというのは、企業開発に関わるさまざまな仕事をサポートする人のことで、会社の知名度を高めるための宣伝活動から、情報整理、オフィス移転手配というように広範囲にわたり、8本足のタコみたいなものですかね。それからパーソナルアシスタントというのは、私のボス（社長）のために情報収集したり、プレゼン用のパワーポイントを作成したりする仕事で、彼が顧客と面談する時は、私もかならず同席してサポートします。」

今の仕事に満足していますか？　そして将来のキャリアをどう考えていますか？

「就職して今2年目ですが、良い上司にめぐまれ、職場の雰囲気も良いし、お給料も悪くないし、なによりも、自分を活かせる仕事をさせてもらっているので、やりがいがあって満足しています。だから、しばらくこの仕事は続けるつもりですが、これからも私自身どんどん成長していきたいので、5年ぐらい先には、より大きなファイナンス会社に転職するかもしれません。まだわかりませんが……。」

私生活のことになりますが、今恋人はいますか？　将来自分の家庭を持ちたいですか？

「これまで3人ほどつき合った男性がいましたが、今恋人はいません。もしかすると、私の理想が高いのかしら？　仕事は面白いし、余暇にはテニスやピラティス（エクササイズの一種）や読書、それから家族や女友だちと頻繁に会ったり、旅行したり、したいことがたくさんありますから、特に急いでいません。でも30歳ぐらいになって、信頼できる人が現れたら、結婚するかもしれませんね。子どもは大好きなのでほしいですよ。自分で産むことだけでなく、養子をもらっても良いと以前から考えていました。子どもができたら、しばらく勤務時間を減らして働く方が良いかもしれないけれど、仕事を辞めて主婦になることは考えてみたこともありません。もしかして、日本ではそれが普通なのですか？」

十一　デンマーク社会で働く現役日本女性たちにインタビュー①

デンマークの首都コペンハーゲンから北へ約40キロ離れた町エルシノア（Helsingør、人口約6万人）。目と鼻の先に見える対岸スウェーデンの港町ヘルシンボーとの間には、一日中フェリーが行き交っています。そしてこの町は、シェークスピア「ハムレット」の舞台となったといわれているクロンボー城があることでも知られています。

この町の郊外に住み、この町にある国民学校内の障がい児クラスの先生として働いている日本人女性さやかさん（Sayaka Ebihara Pedersen、43歳）とその家族を訪ねました。家族構成は、夫のミケルさん（Michael Ebihara Pedersen、43歳）と長男トウゴ君（11歳、小6）、次男カイト君（7

歳、小2）の4人家族。夫のミケルさんは、この町にあるインターナショナル・ホイスコーレ（International Peoples College：通称ＩＰＣ）でコック副主任として働いています。そして一家は1年前に閑静な住宅街にある2階建てのテラスハウスに引っ越しました。

まずさやかさんに、日本でなにをしていたか、なぜデンマークにきたのか、そしてミケルさんとの馴れそめのことなどを語ってもらいました。

「私は大学卒業後に、病弱児や精神疾患などの問題を抱えている子どもたちのための養護学校（中学部）に就職して、英語を教えていました。大学の卒業旅行でスウェーデンに旅行して、その時デンマークに日本人が留学できるホイスコーレ（大学に行く前に自分の本当に好きなものってなんだろうって考えたり、社会人になってから改めて自分を見つめる「人生の学校」）があることを新聞で知りました。その後デンマーク高齢者福祉研修に参加し、これがきっかけで、今度はデンマークのホイスコーレに長期滞在してみたくなり、教師の仕事を辞めて、4年後の2004年にエルシノアのＩＰＣに留学しました。そしてここで、コックとして働いていたミケルに出会ったのです。半年の留学を終えてから、さらに半年間別のホイスコーレに滞在しましたが、ＩＰＣの校長先生にスカウトされ、再度エルシノアに戻り、ステューデントティーチャーという資格で働きはじめました。」

夫ミケルさんにもここに至るまでの経緯を語ってもらいました。

「私は義務教育の学校を卒業してから、一時期肉屋で働き、その後職業専門学校に4年間通ってコックの資格を取りました。卒業後まず出産休暇を取っていたコックの穴埋めとしてIPCで働き、その数年後に正規フルタイムスタッフとして雇用されて今日に至っています。さやかとは仕事でもプライベートでも気が合って、2005年には恋人リングをプレゼントする仲になりました。この指輪を婚約リングといいまちがえて家族に伝えたら、みながてっきりさやかと婚約したと思い込み、そんなこんなで結婚することになったので、結局これが僕のプロポーズだったのかな。」

その後の結婚、出産、子育てはどうだったのでしょう。

さやか「両親は私たちの結婚というか、それ以前に、私が外国人と結婚することにそもそも反対でした。私が一時帰国して、ミケルも来日し、両親に誠心誠意結婚許可を求めましたが、良い返事はもらえませんでした。でも私たちの決心は堅かったので、デンマークに戻って間もなく結婚式を挙げました。もちろん両親にも招待状を出しましたよ。きてもらえるかどうか心配しましたが、幸い両親はきてくれて、祝福してくれました。そして約1年後に長男が生まれたのですが、当時私は無職だったので、もちろん出産休暇の該当者ではなかったのですが、ミケルが母親に代わって出産・育児休暇を合わせて半年間取ることができ、しかもその間給与が100%支給されたのはラッキーでした！　そのため私たちは、この機会を利用して、約4カ月間日本に里帰りしました。両親が喜んだのは当然です。」

ミケル「結婚する前から、さやかとは将来のことを真剣に話し合っていて、日本やオーストラリアへの移住を考えたこともありますが、二人の最も強い望みは、子どものいる家族を築くことでしたから、長男の出産は、計画妊娠でもあり待ち望んだ出産だったのです。当然私も出産に立ち会いましたし、一緒に入院しました。まだ入院中から、疲労困憊している妻のさやかに代わって、私がおむつ交換しましたよ。どうすればよいか途方にくれて、看護師さんに助けを求めたところ、初回はお手本を見せてくれましたが、あとは自分でしなさいといわれました。家に戻ってからの育児も、二人が自然体で分担しましたし、保健師さんの家庭訪問の時は、ほとんど毎回在宅していました。これは父親として当然のことですからね。」

さやかさん一家

さやか「次男を出産した時、私はすでに正規フルタイム教員として働いていたので、デンマークの出産・育児休暇を取ることができたし、ミケルも2週間の出産休暇と約1か月の育児休暇を取りました。」

次は、仕事と家庭生活についてたずねてみましょう。

さやか「デンマークでは、日本の教員資格だけでは正式な教員として認めてもらえなかったので、私はエルシノア市の国民学校で補助教員として働きはじめました。デンマークの教育養成学校で2科目単位を取れば正式な教員になれるので、次男出産後、仕事に復帰してから、この不足している単位を取りたいと思い、働きながら学校に通うことにしました。上司が全面的に支援してくれて、平日4日間30時間働き、1日は学校で勉強という生活を2年間続けました。まだ子どもたちが幼かったし、働きながらの勉強はきつかったのですが、この間ミケルが私のできない部分の育児や家事をカバーしてくれたので、なんとか切り抜けることができました。彼のフルサポートがなければ実現しなかったと思います。」

ミケル「いや〜あの頃は正直いって大変でした。全寮制学校のコックという仕事柄、週末当直はあるものの、平日の休みが多くてフレキシブルなので、家事や育児をになう時間は普通のサラリーマンより作れたと思います。だから今でも、家事は二人でうまく分担しています。」

さやか「二人の家事役割分担は、お互いに状況を見ながら、やれる方がするという具合ですね。あと子どもたちの学校との関わりは主に私がやっていますが、保護者面談はミケルも積極的に参加しますし、放課後の子どもたちの活動も積極的に支援します。」

今の仕事への思いや将来の計画について聞かせてください。

さやか「デンマークにきた当初は、デンマーク語があまりできなくて苦労しましたが、今はデンマークの正式な教員として、若い頃からやりたかった障がい児教育に携わっているので、仕事はとても充実しています。ただこの仕事を65歳過ぎてまで続けるのは肉体的にも精神的にもきついだろうと思っています。美術教員のキャリアを活かして、10年後ぐらいに、アートセラピストとして、障がいのある子どもたちとアートで関わりたいと思っています。そして退職後は、日本とデンマークで半年ごとに暮らすのが夢ですね。」

ミケル「今の仕事には満足しています。留学している外国人学生のために国際色豊かなメニューを提供することはチャレンジですから。当面したいことは、マイホームをより快適に改修することと、毎日の生活をエンジョイし、子どもの成長を見守ることですね。」

最後に、さやかさんにデンマーク女性をどう思うか、そして日本の同世代女性へのメッセージが

あるか聞きました。

「デンマークの女性は強い！　そしてみなが自分の考えをしっかり持っていると思います。日本は、まだ女性が自分の人生を自分で決めることができにくい社会だと思いますし、そういう教育を受けていないですね。『女だから』という枠が見え隠れしますし、自分でイニシアティブを取るとか決めることができず、グループ志向が強いと思います。」

デンマーク社会で働く現役日本女性にインタビュー②

美紀さん（Miki Nishimura）はデンマークの外資系コンサルティング会社に勤務する45歳。まさに日本でいわれるロストジェネレーション世代の女性です。彼女はデンマークにきてかれこれ19年になり、同年輩のデンマーク人男性と結婚して、一人娘ユリアさん（11歳）がいます。ただ夫妻は2年前に離婚し、現在美紀さんはシングルマザーとしてユリアさんを育てながらフルタイムで働いています。

まず美紀さんがデンマークに住むようになるまでのいきさつを聞いてみました。

「私は福岡出身で、両親と妹が一人いる核家族で育ちました。小学校から大学までずっと国公立だったので、その点、多少の親孝行にはなったかもしれません。大学は工学部で、化学を専攻していました。時代が氷河期でなかったら、卒業後大企業に就職していたかもしれませんが、大阪の中小企業に就職して、ここで3年間働きました。その頃たまたま美容院で『地球の歩き方』を読み、これに大いに触発されて、無性にヨーロッパを一人でバックパッカーしてみたくなりました。往復航空券とヨーロッパ中の鉄道が利用できるユーレイルパスは事前に用意しましたが、あとはほとんど成り行きまかせ。でも訪問先で案内してくれる人がいると良いなと思って、出発前にインターネットでヨーロッパ各地にいる現地の人で案内ボランティアをしてくれる人を探しました。その中の一人がそののち夫になる人だったのです。」

国際結婚をした日本人には、それぞれドラマチックなストーリーがあるものですが、あなたの場合もかなりドラマチックだったようですね。

「ドラマチックだったかどうかよくわかりませんが、私はイタリアからドイツ、デンマークと列車で北上して、最後はオランダから帰国しました。彼は、以前日本に旅行したことがあり、その時日本人がとても親切にしてくれたことが忘れられなくて、それで日本人がきて案内を希望したら、ボランティアをしようと思っていたみたいです。デンマークには1週間ほどしか滞在しませんでしたが、その間に彼の実家も訪ねて両親とも会いました。まあ彼が私に一目ぼれして、結婚しようということになったみたいで……。」

私たちが結婚した時も決まるのが早くて、かなり周囲の人は驚いたのですが、あなたはたった1週間だったのですか！

「そうですね。帰国して両親にデンマーク人と結婚したいと話したら、父はショックで、2週間口をきいてくれませんでした。母もショックだったと思いますが、父をなだめてくれて、認めてもらいました。そして1年後に日本で神前結婚をすることになって、彼が来日し、私は白無垢姿、彼は兵役時代に近衛兵をしていたので、その時のユニフォームで臨みました。結婚したのは2000年、私が26歳の時のことで、その後すぐデンマークに移りました。」

では、デンマークに移ってからのことを話してください。

「当時はまだ外国人の移住があまり厳しくなかったので、私は仕事がなくて、彼も学生だったけれど、滞在許可は比較的早く取れました。びっくりしたのは、1年間無償で語学学校に通わせてもらえたことですね。ここでがんばってデンマーク語を勉強して、高等教育進学が認められるレベルの語学テストに合格しました。その後、仕事を探すことも念頭に置いて、私はマーケティングを勉強しようと思い、カレッジに2年間通い、マーケティング・エコノミストの資格を得ました。そうしたら、私が学生だということで、国から奨学金が支給されて、授業料がただの上にお金までもらって勉強できたのには、またびっくり。」

「でも卒業後すぐ仕事が見つかったわけではなく、ハローワークに約1年お世話になりまし

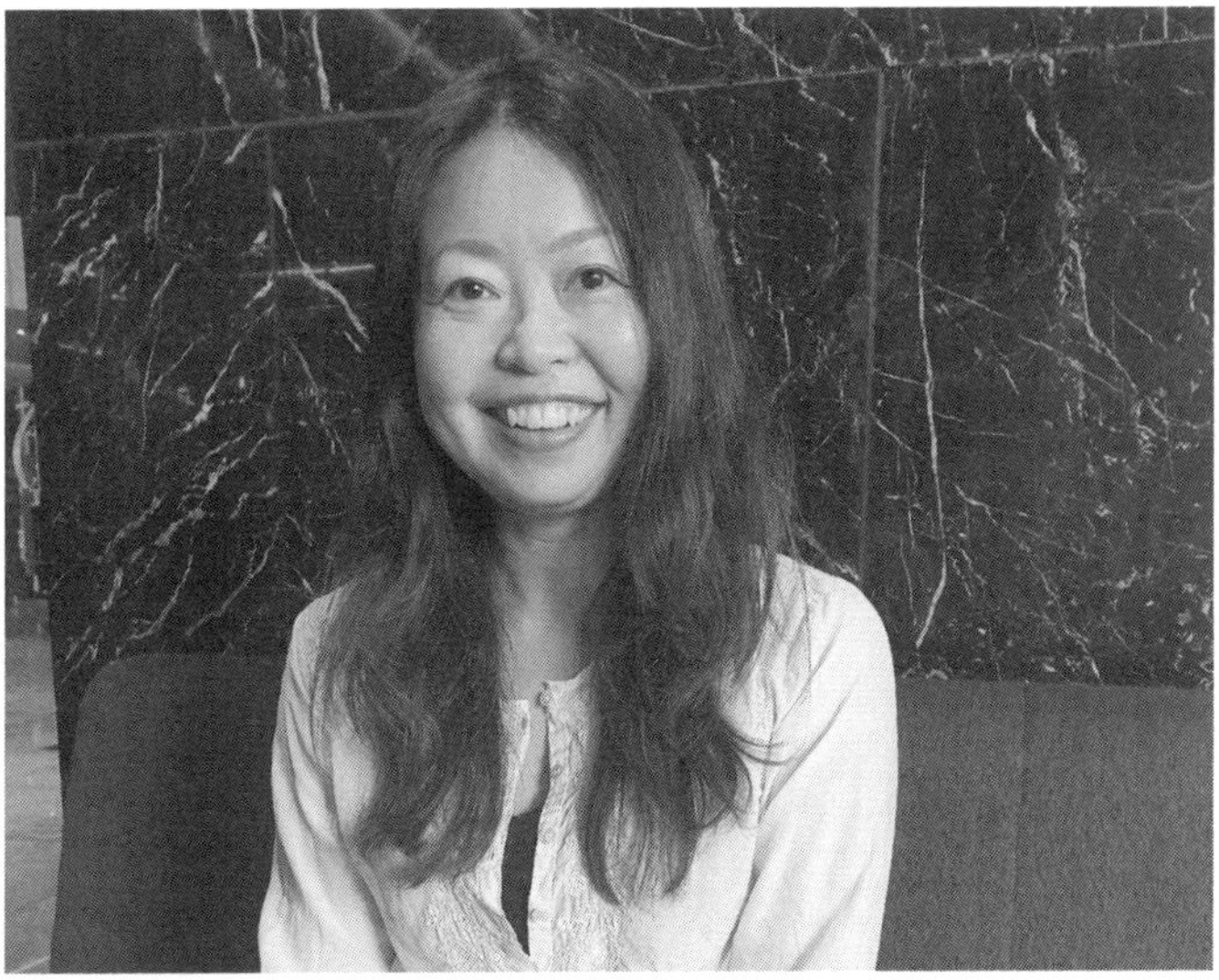
美紀さん

た。仕事探しの期間中には、私にまで失業手当が支給されて、こんなこと日本ではありえない、信じられないことですよね。ありがたかったし、本当にラッキーだったと思います。そうこうするうち、デンマークのバイオ化学メーカーに勤務されている日本人女性から、化学系の日本人を探している会社を紹介されて、無事就職できました。仕事は、化学メーカーからの依頼で化学製品について法律で定められた文書を作成することや、世界各国の化学品規制コンプライアンスに関するアドバイスをすることです。私は法律の知識はまったくなかったので、働きながら独学で勉強しました。」

そして、34歳の時にユリアさんを出産したのですね。

「はい、そうです。二人ともフルタイムで働いていて、子どもが生まれて職場復帰してからも、私は夜遅くまで働くこともよくありました。もちろん子育ても、料理も、その他の家事も、二人折半でやりました。ただ仕事に復帰してからは、精神的余裕がなくなったというか、価値観のちがいが見えてきまして……。実は私は40歳の時に早期がんが見つかって、抗がん剤治療を受けたのですが、治療で休む日もあり、家で仕事をする日もありました。この時の職場からの支援は、ありがたかったです。お給料はフルに出ましたし、その上がん保険も下りたので、経済的な不安はありませんでした。ただこれを経験して、人生観が大きく変わったように思います。」

「多分それもあったのでしょう、私は43歳の時に離婚を決意しました。彼は驚きましたが、結局受け入れてくれて……。ただ別れても、娘のことは最優先で一緒にと決めていて、学校のことも、経済的なことも、これまで通り折半でやっています。そして1週間ごとに交代で娘と一緒に生活しています。収入があるし、子ども手当に加えてひとり親手当も支給されているし、娘の学費を心配する必要もないので、経済的には全く問題ありません。その点、デンマークは住みやすい国だと思いますね。」

現在の生活やこれからの人生計画など話してくださいますか?

「今の仕事には、やりがいを感じています。法規の世界には、いくらでも勉強することがあるので、守りに入りすぎず、新たな領域にも挑戦していきたいですね。でもがんの闘病を経験してからは特に、仕事にエネルギーを奪われすぎないように気をつけています。娘や家族との時間、友人や恋人との時間、趣味の時間など、限りある命をささやかでもいろいろな楽しみのために使いたいと思っています。有給休暇は年間5週間で、そのうち3週間は、娘と一緒に福岡の実家で過ごすことにしています。元夫も私も新たな相手がいますが、元夫の家族とは、今も仲良くしていて、娘の誕生日やクリスマスなども一緒に過ごしています。」

最後に日本への、あるいは日本女性へのメッセージがあれば聞かせてください。それからデンマークの女性についても。

「日本の女性は、すごく我慢しているなと感じます。子どもが生まれると女性が働き続けることが難しくなりますよね。産休を取ると同僚に迷惑をかけるとか、長時間労働ができなくなるとか、そういう問題を日本では個人の責任に押しつけているような気がしますが、これは個人の責任ではなくて、社会制度の問題で、社会で解決してほしいです。女性が変わるというより、私は日本の男性が変わらなければいけないと思うんです。男性中心の今の日本の働き方自体がおかしい。今までの男性の働き方に女性が合わせるのではなくて、どちらにも働きやすいシステムを作らなくてはいけないと思います。」

「デンマークの女性は自立していて強いです。でも困った時には、国や自治体の援助を受けるのはあたりまえというコンセンサスが社会にあるので、援助を受けることを恥ずべきことだとは思っていません。また逆に、困っている人がいたり、なにか問題が起きたら、その人たちのために『それはおかしい！』とちゃんと声を上げますし、なんでも国任せ、人任せにしないのはすごいなと思います。」

第三章
「社会の子」づくり
こうして人が育つ：デンマークの保育と教育

一　少子化を乗り越えて

●少子高齢社会というけれど、いったいなにが日本に起きたの?

日本ではよく「少子高齢社会」という言葉を聞きますが、いつ頃から頻繁に使われるようになったのでしょう。国連の定義によると、65歳以上の老年人口の比率が総人口の7%を超えた社会のことを「高齢化社会」と呼び、その比率が14%を超えると「高齢社会」になり、21%を超えると「超高齢社会」になるとのことです。日本では、1970年に7%を超え、1994年に14%を超えたので、そこに至るまでにたった24年しかかからなかったことになります。そして2007年にはこの比率が21%を超えて、日本はいよいよ「超高齢社会」に突入し、今では4人に1人どころか、3人に1人になる時代もあまり遠くないだろうといわれています。

では、少子化はどうでしょう。こちらの方は、どうも国際的に定まった定義はないようです。日本が高齢化社会となった1970年の合計特殊出生率は2・13でしたが、それからどんどん低下して、24年後の1994年には、1・50にまで落ち込みました。そして2007年にはさらに1・34にまで落ち、その後多少回復したものの、今では1・43レベルで推移しています。このように日本では、高齢化と少子化現象が過去30年以上にわたって同時に驚くべきスピードで進んできたので、この2つの現象を一緒に語るようになったのだと思います。思い出すと、そう、今から30年ほど前、デンマークには日本からおおぜいの政府関係者や専門家が、「少子高齢社会」をテーマに視察にこられたものです。私たちは、そのような視察団の通訳・コーディネーターとして、大忙しの日々を送っていました。「このまま放置しておけば国力が衰えてしまう。だからなんらかの改善策を取らなければならない。」という危機感が徐々に日本に生まれて、国や専門家が真剣に考えるようになったのは、当然のことでしょう。海外視察がどれだけ参考になったかはわかりませんが、たしかに日本の政府は、これまでに、そして今でも、数々の対策を打ち出してきました。どちらかというと、高齢者政策が最優先されて、少子化対策が後手にまわったように私たちには感じられるのですが、いずれにしても、これまでのところは、数値に現れるような目に見える成果は、残念ながらほとんど出ていないのが現状ではないでしょうか。

●デンマークにおける少子高齢化

さて、私たちが暮らしているデンマークではどうなっているのでしょう。

高齢化率は、1990年にはすでに15%を超えていたので、日本より一足早く高齢社会になりましたが、それから約20年経過した現在も21%未満で、超高齢社会までには至っていません。そして少子化の方は、すでに1970年代に2・0を切り、それから10年ほどは下降の一途をたどって、ついに1983年には1・38まで落ち込みました。これが、デンマークがこれまでに経験した最低値です（日本の最低値は２００５年の１・２６）。しかしその後合計特殊出生率は徐々に上昇し、１９９４年には１・８１まで回復しました。その後はゆるやかなアップダウンが続き、２００７年で１・８４、そして今は１・７４レベルで推移しており、デンマークは、少子化の波をどうにか食い止めることができたのです。

デンマークで１９７０年代から見られた少子化現象の主な要因としては、多くの女性が家の外に出て働くようになり、経済的にも精神的にも自立したこと、避妊や妊娠中絶が法律で認められるようになったこと、長期高等教育へ進学する女性が増えて初産年齢が高くなったこと（初産平均年齢29歳）、そして女性が子どもをいつ産むかあるいは産まないかは、あくまでも個人の問題だという考え方が広まったのもこの頃でした。さらに、１９７０年代に起きたオイルショックから20年近く続いた不況と、それによる失業率の上昇、家庭内における男女間の意識のズレや離婚率上昇も、この流れを加速させた要因でした。

しかし、１９８０年代に少子化があまりにも進んだことに強い危機感を抱いた政府は、地方自治体、労働市場を構成する労働組合や雇用者団体、さらに教育機関も巻き込んで、改善にむけての多面的な枠組み作りに取り組んできました。私たちが子育てに忙しかった40年以上前と今を比べてみると、出産も、子育ても、ずっとしやすい環境が作られてきたように思います。

具体的にどのような取り組みがされてきたかは、これから少しずつひも解いていきたいと思いますが、いくら枠組みが整備されても、その社会で生活する人たち、特に若い世代の人たちの多くが、子どもをつくりたい、育てたいと思ってくれなければどうにもなりません。はたして現代の若い女性たちや男性たちは、どう思っているのでしょうか。

●システムと人びとの意識

日本では、「子どもがほしい。でも今のままでは産めない、産みにくい。」と思っている若い世代が多いように見受けられます。それはなぜでしょう。多くの人から、「教育費や子育てにお金がかかるから。」とか、「家庭と仕事が両立しないから。」とか、「保育所の待機児童が多くてなかなか入れないから。」といった答えが返ってきます。これは、システムがまだ十分に整備されていないということですが、「出産は痛くてきついし、夫は仕事に忙しくて家事をあまり手伝ってくれそうもないから、女性ばかりに負担がかかって子育ても大変。だから、自分のやりたいことをして、だれにも束縛されず自由に生きていきたい。」という答えが多くなってきたとしたら、これはシステムだけの問題ではなくなります。システムの中身、つまり、人々の価値観や意識の領域です。大半の日本の若者に子どもを持ちたい、育てたいと思ってもらえるような社会を作るためには、国がシステムを整備してくれなければ困りますが、私たち一人ひとり、女性も男性も、若い世代も老年世代も、みなが意識を変えていかなければ、システムという枠の中身を埋めることはできないでしょう。デンマークは、これまでその両面で努力してきた、と私たちは今強く感じています。そしてそれをあと押ししてきたのが、「教育」だったのではないかと。

なにはともあれ、合計特殊出生率が2・1を上回らないと、その国の人口は減るといわれているので、デンマークもけっして楽観視できません。デンマークの少子化防止の取り組みは、これからも続きます。

二　子どもを産むということ

●婚外出産、デンマークと日本

いつの時代でも、子どもの誕生はうれしいものです。初めて笑った時、言葉を話した時、歩いた時、誰もが大喜びし、胸があつくなるような幸せを感じます。そして私たちは、子どもたちのあどけない目や、笑顔に接した時、「幸せな人生でありますように。」と祈らずにはいられません。

では私たちは、いつ子どもを産むのでしょうか。日本なら、「それは、当然結婚したあとでしょう。」という答えが返ってきそうです。それは、「結婚前の出産は、社会的に不利だし世間体にも好ましくない。」という社会意識が根強く残っているからでしょう。この婚外出産をコミカルに表現したのが「できちゃった結婚」という言葉で、交際しているうちに故意か不本意か妊娠しているとわかり、事態を取りつくろうように「できちゃった結婚」という言葉でカバーするようです。はじめてこの言葉を聞いた時、そんなに軽々しく子どもを授かっていいものか、生まれて

生まれてきてくれてありがとう！

くる子どもに失礼ではないかと、反発にも似た違和感を抱いたものです。結婚して法律上の夫婦から誕生した子どもは、「嫡出子」と呼び、結婚しないで生んだ子どもは「非嫡出子」と呼ばれますが、近年では「婚内子」「婚外子」と呼ぶようになってきているようです。しかし子どもの誕生は、親が結婚しているか否かにかかわらず、どちらであっても歓迎したいものです。

世に生をあずかった子どもが婚内子か、婚外子かを示す調査を見ると、日本とデンマークの数字には大きな開きがあり、そこから両国の出産に関する意識や社会性のちがいが見えてきます。デンマークの出生数に占める婚外子の割合は、２０１７年のデンマーク統計局のデータによると出産した女性の67％で、33％が婚内出産だそうです。一方、同年日本の厚生労働省のデータでは婚外出産はわずか2・23%と極端に低いことがわかります。デンマークに限らず北欧諸国は、ほぼ同じ高い婚外出産率で、婚外出産が子どもを産む選択肢として容認されています。バースコントロールが浸透しているデンマークでは、男女が産む時期を考え、心身ともに親になる準備が整ってから妊娠に至るのが一般的で、子どもたちの大半は、「望まれて産まれてくる子ども」たちです。

私たちの人生には、いくつかのライフステージがあります。幼児期から義務教育を経て、①資格教育終了、②就職、③結婚、④出産、などがありますが、日本は婚姻内出生にこだわる社会ですから、①から順番に④へと進むのが、世でいう正しい順序のようです。しかしデンマークでは、④の出産が①や②の中でおきても、③を飛び越えたとしても、生まれてきた子どもは、社会で歓迎され、みなが同等の社会的権利を有します。

●カップルの多様化

日本では、ここ数年のうちに、「同棲」や「同性同士」のカップルに対する理解が急速に進んだように見えますが、それでもまだ市民権をフルに得ているとは思えません。デンマークを含む北欧諸国では、「個人の選択の自由」や「性の解放」という視点からも、また時代とともに変わるライフスタイルに合わせて、カップルの多様化が進んでいます。「社会は、一人ひとりちがった人間が集まって構成されている。」というデンマーク的な社会観からすれば、素直にうなずけます。

日本でこの数年同性婚についての議論が高まっているとはいえ、主要7カ国（G7）の中で同性婚を認めていないのは日本だけのようです。そういえば、2019年のバレンタインデーに13組の同性カップルが結婚する権利を求めて訴訟に踏み切ったニュースは記憶に新しく、日本はいまだに伝統を固守する保守的な社会だといわれても仕方ありません。

デンマークでは、1989年に世界ではじめて同性同士のパートナーシップが公認され、さらに2012年には教会での結婚式が容認されました。ただし教会で同性者の結婚式を執りおこなうか否かは、教会を運営する牧師の見解にゆだねられています。今では同性婚で子どもを持つケースも出てきているので、デンマークにおける「家族」形態は、核家族、ひとり親家族、再婚同士家族、そしてレインボー家族（同性婚）というように多様化し、社会体制もこれを踏まえて、より柔軟な対応が求められることになりそうです。

「私の友人で5人の子どもがいる再婚組カップルがいますが、その内訳は、上の二人が夫の子ども、下のおちびさん二人は妻の子、そして最近生まれたばかりのベビーは二人の子です。このような再婚同士家族は『ボーナス家族』と呼ばれています。産まずに子だくさんになることが、『ボーナスをもらったように得した。』という表現なのでしょうか。ほほえましいではありませんか。」夏代

三　心配ご無用、デンマークの妊娠から出産後までの支援システム

●頼れる家庭医の存在

デンマークには家庭医（ホームドクター）制度があり、この国に住民登録している人は、国籍を問わずだれでも、自分の住んでいる地域で開業している家庭医の中から自分のドクターを選ぶことができます。デンマークの家庭医は、医師免許を取得した上で、さらに外科、内科、小児科、産婦人科、耳鼻咽喉科、精神科などなど、広範囲にわたる医療部門での修行を積んで総合専門医の資格を取った人たちです。

ですから、私たち市民が、健康面でなにか不安や悩みや問題が生じたら、まず自分の家庭医に相談することになります。通常クリニックには、簡単な診察台や血圧測定器などはあっても、レントゲン装置などの医療機器はほとんど備わっていません。デンマークで生活をはじめた頃は、「この程度で大丈夫なのかしら？」と不安に思ったこともありましたが、家庭医は、私たち一人ひとりの身体と心の健康全般をまず診てくれて、その結果、専門医の診察や病院での精密検査（レントゲン検査も）や入院が必要だと判断された場合は、私たちに代わってその手続きをしてくれます。ただ家庭医の先生たちいわく、「市民の健康上の問題のほぼ8割は、私たちだけでクリ

アできており、その先に送る必要はありません。」家庭医は、私たち市民のすぐ近くにいる頼れる存在なのです。

●妊娠したかな、と思ったら

そこで、「女性が妊娠したかな?」と思ったら、まず家庭医のところへいって検査してもらいます。その結果、確かに妊娠していることがわかり、出産予定日がいつごろか推定できたならば、次は、どこで出産するかを医師と相談して決めることになります。大半の人は病院で出産することを希望するので、どこの病院にするかを選択すると、家庭医がその病院に手続きを取ってくれます。また件数はあまり多くありませんが、最近希望者が増えてきている家庭出産の場合も、まずその出前サービスをしてくれる病院を家庭医と相談して決め、その後医師が手続きを取ってくれることに変わりありません。

その後の初産の場合の一般的な流れは、家庭医での検診が2回、病院での血液検査2回（妊娠8~13週と15~22週）と超音波スキャニング検査2回（11~13週と15~22週）、そして病院勤務の助産師さんの検診が29週から出産まで4~5回あります。これらのサービスを受けるか受けないかは、あくまで個人の自由意志ですが、デンマークでは、妊娠している女性の95%が超音波スキャニング検査を受けているそうです。出産経験者や妊娠中に問題が生じたようなケースでは、検診回数はケースバイケースで、一律ではないようです。

また家庭出産を希望している場合も、病院での検査・検診のプロセスは全く同じで、唯一異なるのは、出産時に（24時間いつでも）病院の助産師さんが自宅まできてくれることだけです。このように家庭医や病院の助産師のダブルチェックを受けながら、安心して出産への準備を進めることができるのです。出産に向けて、妊婦のためのリラックス体操教室などに通う人が多く、パートナー参加型講座もなかなか人気があるようです。

●さあ、出産！

通常の流れとしては、臨月になり陣痛がはじまってそろそろ出産かなと感じたら、まず出産する病院に連絡して状況を伝え、出産が近いと病院側が判断して、ＧＯサインが出たところで入院します。一般的に、妊婦さんはすでに4週間の出産前休暇に入っていて待機状態ですが、職場で働いているケースが多いパートナーも、仕事中に知らせを受けた場合は、早退して妊婦さんに同行するでしょう。どのぐらいのパートナーが出産に立ち会うかは、統計がないのでよくわかりませんが、助産師として病院で働いている人の話では、パートナーが立ち会うケースが圧倒的に多いとのこと。出産という大仕事は、産む当事者だけでなく、カップル二人の一大イベントなのです。

そしてようやく出産したらどうなるかですが、正常出産であれば、産婦と赤ちゃんはそろって病棟に移ります。今はどこの病院でも個室で、ママのベッドの横には赤ちゃん用の小さいベッドが用意されていて、初日から母子は常に一緒。それどころか、同じ部屋には、もう一つベッドが用意されているではありませんか！　これは誰のベッド？　もちろんパパ用に決まっています。そう、デンマークでは、出産したその日から、親子が「川の字」になって寝るのです。想像できますか？

現在の入院日数はかなり短縮されてきて、正常出産の場合ならば、平均1～2日ぐらいのようです。さらに通院出産という形もあり、その場合は、出産後4時間で帰宅することができるようです。しかしこのケースでも、帰宅後助産師のフォローがあるので、心配はいりません。これは、大半のデンマーク人にとって、我が家が一番心身ともに安らげる場所であることと同時に、在宅でも必要な時に必要な支援を受けられるという安心感があるからなのです。

日本では、退院すると、母子はすぐ母親の実家に移り、1か月間ほど滞在する里帰りの習慣がいまだに根強いようですが、この習慣は、私たち二人が出産を経験した40年以上前も、今も、デンマークにはありません。それは、文化のちがいかもしれませんが、第二章で紹介したように、デンマークの産休・育休制度がかなり充実してきているので、必要性がないからでもあります。

さらに、デンマークの50～60歳代のおばあちゃんは、幼い孫の世話をしたい気持ちは強くても、実際のところ、まだ現役で働いている人が多く、手助けしたくてもその時間がなかなか取れないのが現状です。ですから、この時点でおばあちゃんやおじいちゃんができることは、せいぜい、上の孫たちを交代で見てあげることぐらいでしょうか。でもデンマークには、実家のおばあちゃんと同じぐらい、いやもしかすると、もっと頼りになるかもしれない人が、ほやほや親子のそばにいてくれるのです。

●産後の育児を応援してくれる強い味方

子ども（特に幼児）を持つ家庭にとり非常に心強い存在、それは、市に勤務している保健師さんです。デンマークでは、看護師の資格を取得したあと、さらに1年半勉強してはじめて保健師の資格を取得することができます。デンマークの保健師は、18歳未満の幼児・児童・青少年の健康や保健を見守り、またその領域において、子どもたちの親に対する必要な支援やアドバイスを提供することが仕事で、高齢者をはじめとする成人の保健に関するサービスは、別の職域の人たちがカバーしていることが、日本と異なる点でしょう。

出産すると、その時点ですぐ病院から家族が（母親が）住んでいる（住民登録している）市の保健師チームに出生が報告され、その家族を担当する保健師が決まります。そして親子がいつ退院するかという情報も病院から連絡されるので、担当保健師は、そのころあいをみて、その家庭に連絡を入れ、家庭訪問システムのことを説明するとともに、最初に訪問する日時を家族と一緒に決めます。こうして、保健師さんの家庭訪問サービスがはじまります。

●保健師さんの家庭訪問サービス

このサービスは、全国すべての市で実施されており、私たちも若い頃、ずいぶんお世話になっ

体重はどれくらい?　保健師の家庭訪問

たものです。現在では初産の場合だと、1回目の訪問が出産から1～2週間後にあり、その後満1歳になるまで計5回の訪問が標準です。そして保健師が必要だと判断した場合には、ケースバイケースで訪問回数を増やすことや、1歳を過ぎてからも訪問を続けることもあるそうです。

そしてこの訪問では、赤ちゃんの育ち具合のチェック(体重・身長測定など)をするほかに、赤ちゃんの親にも目が向けられ、産後の夫婦や家族の状況がどうか、母乳/授乳がうまくいっているかどうか、親が期待しているように赤ちゃんが育っていると感じているかなども話し合われ、さらに親の不安や疑問・質問にも親身に対応してくれます。特に初産の場合は親の不安はつきものなので、保健師さんの訪問日には、質問したいことを事前に書きとめておいて、両親二人でのぞむケースが多いようです。保健師さんとの対話や指導アドバイスにより、だんだんと育児に自信が持てるようになるのですから、新米パパ・ママにとれば、多大な影響力を持つ頼りがいのある存在だといえるでしょう。そして、出産後早い時期から、公的な立場にいるプロが家庭内の様子を観察する機会を持つことができるこのシステムのおかげで、子どもの家庭内暴力や虐待などさまざまな社会的問題をもいち早く察知できるので、そういった面からも、このシステムはおおいに役立っていると思います。幼児や子供の虐待の痛ましい事件が頻繁に聞かれる日本でも、このようなシステムの導入を真剣に考えてほしいものです。

保健師さんはゼロ歳児の家庭訪問以外にも、電話相談、オフィスでの個別相談、同じ地域で同じ頃生まれた赤ちゃんとその親の交流や情報交換のための会（マザーズグループ）、障がい児を持つ親への支援やアドバイス、産前の妊婦の悩み相談、保育園や学校訪問などなど、子どもの年齢や家庭事情に応じた保健面での課題を幅広く扱っており、子どもを持つ親だけでなく、「社会の子づくり」そのものにもおおいに貢献しています。

「初孫が生まれてはじめて保健師さんの家庭訪問を受けた時、娘夫婦の許可をもらって、私も特別に同席させてもらったことがあります。そこで見た光景にビックリ。保健師さんがカバンの中からおもむろに取り出したのは、なんと、むかし私たち世代が使っていた布おむつとひとむかし前に見たような天秤ばかりでした。なにをするのかと思いきや、布おむつに初孫をやさしくくるみ、はかりにかけて体重測定でした。それから数年後、市の保健師さんに通訳を依頼されて日本人ファミリーの家庭訪問に立ち会いましたが、その時の体重測定もまったく同じ！　デジタル社会の今はどうやっているかわかりませんが、赤ちゃんが天秤ばかりに吊るされている姿は、どことなくコウノトリが赤ちゃんを運んで飛んでいる図を連想させ、心がなごみました。」孝子

●ここでまた家庭医が登場

市の保健師によるチェックに加え、出産後にはまた家庭医のチェックを受けることになります。通常は、出産5週間後に赤ちゃん検診があり、8週間後には赤ちゃんもそうですが、母親に対する検診があります。その後も必要に応じて検診を受けることができますし、赤ちゃんの予防接種も家庭医がしてくれます。こうやって、母子ともに、妊娠から出産そして出産後のケアまで、家庭医・助産師・保健師が平行してフォローしてくれるのです。

家庭医・病院・助産師・保健師のサービスは、すべて公的サービス、つまり私たちの税金でまかなわれていますから、そのつど個人的に出費する必要はありません。これがデンマークをはじめとする北欧諸国の「高福祉高負担」モデルであり、その後も保育、学校教育、そして高齢者の介護に至るまで、このシステムが適用されているわけです。市民が安心して暮らせる社会とは、いい換えれば、このような途切れない流れでサービスがつながっている社会といえるかもしれません。

四　かならず入園できる「保育保障」がある

●保育施設の確保は自治体にあり！

デンマークの女性たちが、子どもを出産し、職場でも活躍できる大きな理由は、安心して子どもを預ける保育施設があり、かならず入園できる「保育保障」があることです。

産休・育休がそろそろ終わりに近づくと、ママたちはちょっぴり複雑な気分になるようです。しばらく離れていた職場への復帰にワクワクしながら、同時に数か月間朝から晩まで一緒に過ごしてきたわが子を保育園にあずける別れの辛さを感じるからでしょう。デンマークの保育園の信頼度はとても高く、親は預けることに対して不安はありませんが、やはり子どもと長時間離れるさびしさを感じるのはごく自然なことです。でもデンマークの女性は、社会の一員であるという自覚が強く、このプロセスは人生の通過点であることをよく知っています。

デンマークの子どもの社会生活は、満一歳前後の早い時期からはじまります。子どもにとって、これから全く知らない環境で、顔の知らないスタッフと一日を過ごすのは、新世界にちがいありません。家庭から保育園へのこの移行をスムーズに、また子どもの精神的な負担を軽くするためにも、ママやパパは、入園日の数週間前から、時間をかけて子どもとともに「おためし入

保育園の屋内で遊ぶ子どもたちと保育士

園」をして、ほかの園児やスタッフとも顔なじみになって環境をととのえます。

そんな話を日本の友人にすると、「そんな小さい頃から預けるなんて、子どもがかわいそう。」という反応が返ってきました。でも具体的な遊びができる年齢でなくても、子どもは子ども同士で、おもちゃの取り合い、相手のまね、そして食事にしても目の前の子が食べていたら私も、と学習し合って成長する方が大きなプラスになると聞きます。とはいえ、入園したばかりの幼児は、自分から離れて仕事にでかける親を保育園のスタッフに抱っこされて見送りながら、それがまるで一生の別れのように、窓のガラスに鼻がつぶれるくらい顔をすりつけて、小さな手を振って別れを惜しんでいる姿をよく目にします。

デイサービス法（Dagtilbudsloven）には、

「生後6か月から国民学校入学前のすべての児童は、保育保障を受ける権利がある。」また「保育保障が制定通りに実施されているかを管理するのは市議会の義務である。」とも明記されています。この保育保障は2004年に立法化され、親が自治体に提出した入園希望日に万一空きがない場合は、困るのは親ではなく自治体のほうで、4週間以内になにかしらの保育対策を親に提案しなくてはなりません。そしてその間、第三者に保育を依頼する費用や、一時的にほかの自治体にあずかってもらうなどして発生する費用は、親が保育の申し込みをしている自治体がすべて負担しなくてはなりません。自治体は、当然このような支出はなるべく避けたいので、子どもの人口推移に随時留意しながら、必要な対策を取らなければなりません。

日本では保育場所が不足しているどころか、保育士も不足していると聞きます。近年働く女性や働きたい女性が増えてきている日本で、子どもに恵まれて出産し、いざ「女性の輝く社会」に参加しようと思っても、「どこの保育園も一杯で入れない。」とか、「仕事が見つかってから申し込みをするようにといわれた。」といった悲鳴が聞かれます。このような現状を耳にすると、「いったい日本は、日本の未来を背負う子どもをどう考えているのか?」という疑問が頭をよぎります。最近日本の都市部では、待機児童をなんとかなくそうと、いろいろな対策を取っているようですが、大型量販店と同じビルに園庭もまったくない保育園が堂々と看板をかかげて営業していたり、親の通勤に便利なように、駅ビルの中に保育園が開園されていたり、「とりあえず」数合わせをしているようにさえ思えます。コンクリートの壁の中で、自然とのかかわりが少ない環境で一日を過ごす子どもたちは、将来どういう大人になるのでしょうか。

私たちは、わが子の幼児期、そして孫たちの幼児期にもかかわってきました。デンマークの子どもは「未来の国の担い手」と位置づけられ、「子どもの育成」は社会共通の関心事として常に真剣に討論されてきました。このデンマークの子どもの位置づけを踏まえて日本の状況を見ると、日本の子どもたちの育ち方に「本当にこれでいいの？」と将来を案ずる警鐘を鳴らさずにはいられません。

●デンマークの保育事情

デンマークでは、ママとパパは仕事に出かけ、幼い子どもは保育施設で一日を過ごすのが、子どもを持つ家庭のごく一般的な日常生活です。就学前のほとんどの子どもたちが保育園で幼児期を過ごすのですから、デンマークの未来を担う子どもたちをどう育てるかという保育方針は、国の重要な事案です。

保育園は親に代わって子どもをあずかる施設なので、親の出勤・退社時間も配慮して運営されています。一般的には開園時間は朝6時半から夕方17時までですが、園児の平均的な利用時間は1日7・5時間で、園児が親に送られてくる時間帯のピークは7時半、迎え時間のピークは15時半で、パパが笑顔で迎えにくる姿も頻繁に見かけます。

デンマークの保育施設は、社会省の管轄で、親の就労中に教育を受けた保育士が親に代わって子どもの世話をする「保育園」で、日本の文部科学省管轄の「幼稚園」はありません。そして1974年に施行された「デンマーク生活支援法（現在の社会サービス法）」により、保育施設の運営責任は、各自治体（市）にゆだねられています。日本では、2019年10月から幼児保育の無償化がスタートしましたが、デンマークでは、乳児・幼児保育サービスの利用は無償ではなく、保護者の個人負担が25％で、残りの75％は自治体が負担しています。

デンマークには日本に見られるような「人材派遣会社」や「介護サービス会社」というような保育とは職域がまったく異なる民間企業が保育事業に参入するケースはありません。

デンマークの保育システムは大きく分けると、0から2歳児のための乳児保育園と保育ママ、3から5歳児のための幼児保育園、そして0から5歳児のための総合保育園の選択肢があります。保育ママは、自宅で3～4人の乳児を預かり、より家庭的な雰囲気での保育を希望する親が利用しています。近年新設施設はすべて総合保育園にすることが法律改正で決められたので、乳児保育園と幼児保育園は少なくなってきました。この総合保育は、保護者にとって子どもたちを一か所で見てもらえるという利点と、子どもにとっても、乳児保育園から退園して幼児保育園に入園するという変化を避けられる利点があります。

●犬も歩けば保育園に当たる？

デンマークの街を歩いていると、今さっき保育園の横を通ってきたと思ったら、またすぐ保

寒くても外遊び大好き

育園があるというような体験をよくします。
また北欧の冬は長くて暗いのですが、保育園では、そんな冬でもなるべく多くの時間子どもたちが屋外で過ごすよう、園庭で遊ぶことや、自然を求めて頻繁に散歩に出かけることを心掛けています。
デンマークの首都コペンハーゲン市は、62万人の人口に対して乳児保育園351か所と幼児保育園381か所で、そのうちの286か所が総合保育をしています。そして定員数は、小規模なところで24名、大規模な施設では184名とさまざまです。デンマークでは「クラス」と呼ばず「ルーム」で子どもをわけていますが、乳児保育では平均1ルーム12名、幼児保育だと20名です。保育に当たるスタッフは、保育士と保育士アシスタントで、それぞれ先生ではなく名前で呼び合います。

このようにスタッフを名前で呼ぶことは、子どもと大人の距離を縮め、より親近感を与えます。

保育園には、園舎を持たずに雨の日も雪の日も毎日森で過ごす「森の保育園」や、専用バスで毎日森や海岸や公園などに行く「移動保育園」、また園舎がある一般的な保育園の中に「森に行くグループ」があり、園児が順番に週3日ほど自然の中で過ごす保育園などさまざまな形態があり、保護者はその中から自由に選択することができます。このように形態はさまざまですが、デンマークのすべての保育園には、社会サービス法の中で定められている6項目からなる「学びのプラン」を軸に保育にあたることが義務づけられており、各保育園は、この「学びのプラン」をベースに、それぞれの保育園のカラーを出しながら、それを実施しています。

この6項目とは、
① 子どもの総体的人格形成（個人的能力）
② 社会的能力の発達
③ 言葉の発達
④ 体と運動
⑤ 自然と自然現象を知る
⑥ 文化的表現法及び価値を学ぶ
というものです。

この「学びのプラン」は、その後の学校教育において、生徒一人ひとりの「学習プラン」となり、生徒各自の修学度評価、フォローアップ、向上に役立て、義務教育卒業後の職業を見据えた進路選択へとつながっていきます。

五　保育園からはじまる人育て

●デンマーク式子どもとの向き合い方

私たちがデンマークで長年生活し、日本とデンマークを往復する人生を送ってきて見えてきたことは、デンマーク人は老若男女を問わず「自立」しているということです。「自分の人生を自分で考えて決定する」ことが身についていて、他人に頼ることを好みません。高齢になっても、成人した子ども家族と同居するケースはめずらしく、また配偶者を亡くしたあとも、一人で生活することを好みます。私たちは、このように心身ともに自立している人生の先輩たちに囲まれて生きてきましたが、次第に「彼らの自立精神は、どこから生まれてくるのだろう。」という疑問を抱くようになりました。そして、私たち自身が子育てをしていくうちに、それが大人と子どもの「向き合い方」に大いに関係していることに気づきました。

それは、大人が一方的に物事を決めずに、お互いに一人の人間として平等の立場で向き合い、何事につけても子どもに選択肢を与え、決定に参加させるなど、幼児期から彼らの判断をかなり広い範囲で尊重する生活スタイルです。「小さな子どもに判断できるはずがない。」と、とかく大人は思いがちですが、デンマークの多くの親や子どもの保育・教育に関わっている人たちは、子どもとよく話し合います。子どもが抱く「なぜ、どうして?」という疑問に対して、大人が根気よく説明している光景を頻繁に見かけます。

スーパーマーケットで、ママとベビーカーに座っている女の子を見かけました。ママは、まだおしゃぶりをしゃぶっている女の子に向かって2種類のヨーグルトを見せて、「イチゴ味がいい? それともブルーベリーどっち?」と聞き、女の子がイチゴを指さしたので、イチゴヨーグルトがカートの中に入れられました。きっとこの子は、自分の選んだイチゴヨーグルトを喜んで食べることでしょう。言葉が未発達の幼児であっても、自分なりに意思表示をする機会を持つことが、「考えて自分で決める」芽生えだと感じました。

「デンマークの保育園を数名の日本人保育士が訪問した時、日本の保育士が少し得意そうに、『私たちは、日ごろ子どもたちに話しかけるよう心がけていますが、あなたたちも同じですか?』と尋ねました。デンマーク人保育士は、それはちがうといった表情で、『私たちは子どもたちとよく話します。』と答えたのです。たかが『に』と『と』のちがいですが、『に』には上目線が感じられ、『と』には平等意識が感じられる一コマでした」夏代

自分でズボンを上げる、後ろで保育士が少し手助け

●自分でできるもん！　保育園での自立の学び

私たちが日本の保育士たちとデンマークの乳児保育園を訪問したある日、そこで迎えてくれたのは、まだ移動にはハイハイのほうが早い男の子でした。この子は、全員黒髪の集団にも怖れることなく、好奇心ありげな表情を見せていました。

1グループ12人編成の乳児保育園の室内は約40平米で、片隅にはマットレスとクッションが置かれたリラックスコーナーがあり、反対のコーナーはなだらかなスロープになっていて、よちよち歩きの子にも、すべての床が平らではないことを体感できるようになっています。ここには生後10か月からもうすぐ幼児保育に移る2歳数か月の幼児がいましたが、こんな小さい年齢から「自立」の学びがはじまっていました。

たとえば子ども用トイレでは、立つことができるようになった子は、ズボンやオムツの着脱を子どもができる範囲で子どもに任せ、スタッフは、手を出さずに横で見守り、ある程度のところまでできたら、「よくできました。」とほめて、最後の仕上げをしていました。また部屋にはテーブルがありますが、それは子どもサイズではなく、一般的なテーブルです。「エッ！ ここにどうやって座るの？」とおどろきましたが、そこには階段式キッド用チェアーが置いてあり、それによじ登れば、ちゃんと自分でテーブルにつくことができます。誰にも頼らず自分でテーブルにつくことが、自立心を養うことになるのです。

昼食も、食べたいものと食べたい量を自分で決める方式が多くの乳児保育で取り入れられています。といえば、「きらいなものは食べなくていいの？」という疑問が湧くことでしょう。そこは、子どもが「きらい」といっても、「でも少し食べてみて」とうながしてみます。ただ、うながされて子どもが少し口に運んでみても喉を通らないほどきらいならば、それ以上無理強いはしません。自己決定とわがままの境界線を見極めること、これが保育士の資質なのです。そして、自分で皿に採ったものは、完食しなければなりません。自己決定には自己責任が伴うことも、同時に身につけていきます。

●子ども時代は、子どもらしく

デンマーク人は、誰もが「子ども時代は、子どもらしく」と考えているように思います。遊び

遊んではお昼を食べてまた遊ぶ園児たち

を通して自分の可能性と限界、仲間とのつき合い方を学び、また遊びの中で想像性や創造性を育んでいきます。遊びは健全な心と体を育てるたいせつな要素であり、私たちの思考力や行動力の源になっているといえるでしょう。

デンマークの保育園をのぞいてみると、その広い園庭で、おしりも膝も泥んこになって夢中で遊ぶ子や、木登りをしている子など、思い思いの場所で自分の好きな遊びに熱中している姿を目にします。園庭には、当然砂場やブランコなどの保育遊具がそろっていますが、そのほかにも、大木あり、花畑あり、ニワトリ小屋やウサギ小屋あり、三輪車でスピードを競えるスペースもあります。また奥の方には、「隠れ屋」まで設けられています。これは、みなから少し離れて遊びたい時や、一人になりたい時の居場所だと保育士が説明してくれました。このような園庭を見学した日本の幼稚園園長は、「私たちの園庭は、年に一度の運動会のために整備してきたようです。私たちの顔は、保護者に向いていたのかもしれません。」と語り、両国の幼児教育のちがいをしみじみと感じていたようです。

●ほめて育てる自己肯定感

私たちは、デンマーク人は物事をできるだけポジティブにみる国民だと感心することがたびたびあります。子どもがしていることを頭ごなしに「ダメ！」と否定することを好みません。

ある保育園の年長組の壁に、たくさんの絵が飾ってありました。これはバイキング博物館にいき、そこで古いバイキング船を見て、むかしの航海の話を聞いたことの印象を子どもたちが思い思い絵にしたものでした。一枚の絵にデンマーク語で「ＳＫＩＤ」と書かれてありました。これは正しくは「ＳＫＩＢ（船）」なのですが、そのままになっています。保育士いわく、「彼はアルファベットに興味を持ちはじめたので、きっと使いたかったのでしょう。これは追って学習すればよいことで、今は、彼の字を書きたいというモチベーションが大事で、ほめてあげました。」なるほどこれが、「ほめて育てる。」ということなのだと納得できます。

そういえば、近年デンマークの保育・教育現場では、「自己肯定感」（Selvværd）という言葉がよく聞かれるようになり、これが人間形成上とても大事なことだと考えられ、注目されています。この自己肯定感についてある保育園長は、「簡単にいえば、『自分を知り、私は私でよい。』と思う気持ちです。健全な自己肯定感が養われれば、他人と比べることなく、『自分はこれでよいのだ。この社会にいる価値があるのだ。』と自己評価することができます。また自分の行動が人からほめられると、ほめられる自分や成功する自分を認識し、自分が存在している価値を前向きに受け止め、それが自信を生み、自分で考えて行動することにつながります。」と語っています。この自己肯定感が子どもの成長過程で育まれ、デンマーク人の価値観である「自分の人生を自分で考え、自分で決定する。」ことにつながっていくようです。

私たちが子育てをしていた頃は、「自己肯定感」という言葉はあまり耳にしませんでしたが、すでに当時から、「子どもはまずよい所をほめてから、必要ならば注意をうながす。」というポジティブな子育て術が社会に浸透していて、若かった私たち日本人ママには、とても新鮮に映りました。

「日本では、いまだにひきこもり・不登校・いじめがあとを絶ちませんが、この大きな原因は、自己肯定感が培われていないからではないでしょうか。小さい頃から些細な事でも『えらいね。』『よくできたね。』とほめられて育ったら、少しずつ自分の存在価値を理解できるようになるのではないかと思います。」夏代

六　待ちに待った学校入学

●デンマークの義務教育システムは10年

日本の義務教育は、小学校6年間と中学校3年間の計9年間ですが、デンマークの場合は、基本的にはどこの学校も小中学校一貫制で、0年生から9年生まである10年間です。「0学年ってなんだろう?」と不思議に思われるかもしれませんが、実はデンマークには、1年生の前に「幼稚園クラス」(Børnehaveklassen) という学年があるのです。これは、任意教育として60年近く前から設けられており、私たちの子どもたちも6歳を機に、ここから学校生活をスタートさせました。当時はあくまで選択肢の一つと考えられていて、1年生からはじめてもよかったのですが、年々幼稚園クラスからはじめるケースが増え、1980年には全国すべての学校に幼稚園クラスを設けることが義務づけられた結果、ついに9割を超えるまでに普及しました。そのため、2009年からは、これを義務教育に組み入れることになったのです。

デンマークでは、子どもの発育は一人ひとりちがっていてあたりまえ、子どもは子どもらしく、とにかく遊びまくって、そこからいろいろなことを学び、自分を鍛えていくことが大切だと考えられています。ですから、それを日課にしていた保育園から、規模も雰囲気も大きく異なる

遊びからの学び

学校生活に、誰もがすぐ馴染めるとはかぎりません。子どもにとって、はじめの一歩はとても大切で、誰もが幼児教育からスムーズに学校教育へ移行していけるように、この幼稚園クラスがクッションのような役割をしているのです。これを義務教育に組み入れた時、すでにその上には1年生が存在していたため、今では幼稚園クラスのことを通称「0学年」と呼ぶようになっています。

この時点で学校側が重視していることは、まず学校生活のリズムに慣れてもらい、学童一人ひとりの好奇心とチャレンジ精神を育てながら、もっと学びたいという気持ちを抱くように導くこと、そして、学校という共同生活の場で、社会性・積極性・自己表現力（言葉と感情）・自分と他人へのおもいやり・良い人間関係を築いていく力を伸ばしていくことです。当然少しずつ知的学習もはじめますが、まだまだ遊びから学ぶスタイルが主流です。ただここでの遊びは、無秩序な遊びではなく、知的学習につながる「目的」のある遊びで、教える先生（保育士と教師の混合チーム）の綿密な教育計画があってはじめて可能です。また入学直後の数か月間はクラス分けをせず、先生チームが個々の生徒の性格、学校への馴染み具合、積極性、友だちづくりのプロセスなどを、遊ばせながらじっくり観察し、その上でクラス編成する学校もあります。

デンマークでは、一応義務教育は6歳児からとされていますが、だからといって、誰もが6歳から学校に通わなければならないというわけではありません。保護者の中には、ごくごく普通の子どもでも、社会的・精神的成熟度などの面から、入学を1年遅らせたほうが、その子のために良いと思えば、保育園の保育士や学校の先生と話し合った上で、遅らせることは珍しくありません。もちろん入学を1年早める逆のケースもないとはいえませんが、大半の保護者は、自分の子どもが熟すのをあせらず待って決めているようです。そう、親の見得でなく、あくまでも無理のない、子どもの健やかな成長が優先されるのです。ちなみに統計上は、1年入学を遅らせるケースは、男の子に多く見られるようです。どこの国でも、女の子の発育の方が早いのは同じなのかもしれませんね。

●公立学校と私立学校、どちらを選ぶ？

デンマークには、市が管轄している公立の国民学校（Folkeskole）のほかに、私立学校もあり、どちらを選ぶかは保護者次第でまったく自由です。2016年の統計を見ると、全国の義務教育学校数は、国民学校が1082校、私立学校が552校で約2対1の割合で、生徒数では国民学校が83・3％、私立学校が16・7％になっています。

30年以上前は、9割以上の子どもたちが国民学校に通っていましたが、近ごろは、学校数・生徒数ともに、私立学校の比率が伸びてきている傾向が見られます。それは、長年この国に培われてきたデンマーク式教育に必ずしも満足せず、個々の私立学校が打ち出しているさまざまなイデオロギー／宗教や教育方針に賛同する保護者や、小規模・少人数クラスでの教育を好む保護者が増えてきたことが主な要因だと思われます。デンマークは、市民の自由選択と社会の多様性を重んじる国なので、これもありきなのかもしれません。

ちなみに、国民学校は100％私たちの税金でまかなわれており、基本的に無償で、市に住んでいるすべての子どもを受け入れる義務があります。私立学校の場合は、当然保護者の経済的負担はありますが、それは一人の学童にかかるトータルコストの15％程度といわれ、残りは国が負担しているので、親の経済力がどちらを選ぶかを左右しているとはいえず、むしろ、親がどのような教育環境の下で子どもに教育を受けさせたいかが、選択の決め手になっているようです。ただいずれにしても、デンマークのすべての学校は、国が打ち出している「教育はなにを目指すべきか」というこの国の根本的な教育理念に沿った教育をしなければならず、その大きな目標に向かって（いい換えればその大枠の中で）、各市、各学校、各教師が、保護者と常に協力しながら、教

個別指導に忙しい先生

育方針を定め、個々の子どもに適した方法で日々の教育にのぞんでいます。国が私立学校にも多額の経済支援をしているのは、このような裏事情もあってのことなのです。

●少人数クラスでも先生は大変!

デンマークでは、私たちの子ども世代が義務教育の学校に通っていた1980年代は、最も少子化が進んだ時期だったので、1クラスが20名以下でしたが、その後子どもの数が増えてからも、1クラスの人数は長い間最高25名に制限され、それを超えたら担任を二人にするか、クラスを分割するか、なんらかの対策を取らなければなりませんでした。ただ近年法律が改正され、現在は上限が28名に引き上げられました。現状は、国民学校は1クラス平均21・5人、私立学校では平均18・9

人です（2018年、デンマーク文部省調査）。デンマークの学校がなぜ少人数クラスにこだわっているかというと、それは、大勢のクラスだと、それぞれの学科の担当教員が、生徒一人ひとりの成長をよく見極めて、それに合った個別教育が提供できなくなるからです。

これは特に低学年・中学年で重視されているようで、例えば2年生の国語の授業を参観したとします。まず教室そのものが日本とはかなり様子がちがい、全生徒の机と椅子がきちんと前向きに並んでいることはめったになく、何人かのグループで島を作ってグループワークをしたり、教室の片隅や教室の外の廊下に作られた「学びの場」で一人または数人が、先生から与えられた課題に取り組んでいたりというように、同じ授業でもそれぞれやっていることがちがうのは、デンマークの学校では、ごく日常の光景です。中には教室の床に座り込んでいる生徒もいるのですから、日本からの見学者にとっては、まさにカルチャーショックです。そして先生は、教室内外をぐるぐる回って生徒の学習状況を観察したり、質問に応じたり、なんと忙しいことか。

ある国民学校の5年生クラスでは、3年生の時から国語・算数の授業はいつも個別授業形式でおこなわれていて、先生は、それぞれの生徒に見合ったドリルや課題を与え、生徒はマイペースでそれに取り組んでいます。これは、一人ひとりの子どもの知的・身体的・精神的成長は同年齢でもかなり異なるので、「成長に見合った教育法も異なるはずだ。」、また「先生の役割は、各生徒が持っている潜在的な芽を最大限引き出してあげることだ。」というデンマークの基本的教育理念からきているものです。教育方法は学校やクラスや教員チームにより多少ちがっても、幹の部分は決してブレていないと感じます。

「私の長女が低学年だった頃、毎日のように新しいドリルを持ち帰り、楽しそうに取り組んでいました。私が『これ、クラス全員がやっていることなの?』と尋ねると、『これは私と○○君だけよ。』という答え。一部の児童が特別扱いされると、いじめの原因になり、またえこひいきだといわれやしないか心配になり、担任の先生にこれを話したところ、『リセちゃんは今国語と算数の力がドンドンついて伸びようとしています。だからそれを抑えてはいけません。でも別の分野だと別の子どもの成長の方が早いかもしれない。だからみんながお互いに助け合って、自分たちの力を伸ばしていけばいいのです。』といわれました。日本では、一人ひとりの成長や状態がちがっていても同じことをするのが『平等』ですが、デンマークでは、それぞれのちがいを認めて個々に合ったものを提供するのが『平等』なのだと知らされました。」孝子

「私の義理の妹は元国民学校の教員で、『一クラス30人以上の生徒なんて信じられない、名前を覚えるのも大変だし、どうやって一人ひとりを知り、毎日の様子の変化をキャッチできるの?』と日本の先生が一人で30人以上の生徒を担当することに驚いていました。」夏代

成績表はいらない？

デンマークの義務教育では、0年生から7年生までは、点数による成績評価はされません。もしこれが日本なら、「こんなことでは、自分の子どもがどの程度学力がついて、クラスでどのぐらいのところにいるかさっぱりわからないし、進学に支障をきたすので困ります。」と保護者から苦情が出ることでしょう。というか、成績がつかない教育など考えられないかもしれません。日本では、義務教育の頃から（もしかするとその前からも）、多くの保護者は自分の子どもの学力を伸ばすことに極めて熱心で、子どもの世界もすでに競争の世界なのですから。

でもデンマークでは、そのことに不満を抱いている保護者はまずいないでしょう。なぜかというと、親が最も気にしているのは、子どもが学校で人間的に成長しているか、考える力や学ぼうとする力をつけているか、クラスメートや先生と良い人間関係を築いて学校生活をエンジョイしているかであり、自分の子どもがクラスで何番かというようなことは、正直どうでもよいことなのです。学校は、すべての学童とその保護者を対象に、先生（特にクラス担任教師）との個人面接の場を設けています（通常親が仕事を終えた夕方から夜の時間帯）。ここでは、学校がすべての生徒に対して作成している「学習プラン」（Elevplan）を踏み台にして、自分の子どもの学校生活全般および授業中の態度や科目別の学力の伸びや課題などがオープンに話し合われるので、これが成績表に代わるものといえるかもしれません。この面談には、生徒も参加することができ、先生・生徒・保護者3者でそれぞれの意見を出し合うことも可能です。ここでの主役はもちろん生徒自身。「がんばる」のは、他人との競争に勝つためではなく、自分自身の目標達成のためなのです。

ただ高学年になると、卒業後どのような道に進みたいか、そのためにはどのような中等教育の選択肢があるかを考えなければならず、そのためにも、義務教育期間中に自分の知的学習レベルがどこまで達しているか認識する必要があるので、点数による成績がつきます。また卒業時に受ける卒業試験も、次のステップを決めるための指標になっています。

●「まなぶちから」を学ぶ授業

デンマークの学校では、教科書もむろん使いますが、孫たちの話を聞いていると、どうもテーマ学習がかなり多いようです。時には、複数科目の授業で同一テーマをあつかうこともあり、またそれを複数の学年で1週間続けることもあって、そうなると、とても科目別教科書ではクリアできません。そのため学校の教員チームは、生徒たちに問題意識を持って理解を深めてもらいたいテーマを精査し、さらに学習方法から教材に至るすべてを自分たちで組み立てています。

テーマを与えられた生徒たちは、いくつかのグループに分かれ、自分たちが受け持つサブテーマについて授業中に図書館に行って調べたり、グループでディスカッションしたり、先生に質問したりするわけですから、この光景は外部の者が見るとバラバラのように見えますが、自分たちが今なにをすべきかちゃんとわかって「自律」して行動しているのです。

そして最終的には、それぞれが学んだ結果をグループごとに発表する機会が設けられ、その

5年生テーマ研究を英語で発表

発表に対して、さらにほかの生徒や先生から質問が出て、ディスカッションがはじまるといった具合です。学年が上がるにつれ、生徒個人がテーマについてレポートを作成し、発表し、質問を受けるという形式が多くなります。そして、たとえ一教員対クラス全員形式の授業であっても、日本の学校のように先生が説明している間、生徒が一心にノートに筆記するような光景はまず見られません。たとえ先生が説明中でも、生徒はどんどん挙手して先生に指してもらうのを待ってから、質問や意見を出してきます。先生の説明はまちがっているのでは？　と待ったをかけてくる生徒がいても不思議ではありません。これらのボールをいかに受け止め、投げ返してあげるか、またいかに授業をうまくコントロールしていくかが先生には問われ、先生は一分たりとも息抜きできません。

これがまさに、先生と生徒が一緒にクリエートしていく「生きた授業」、「まなぶちから」を学ぶ授業だと思います。デンマークの子どもたちは、義務教育の頃から、自分で考えたことをまとめて、人前で発表することを繰り返し学んでいるので、これが将来、社会生活の中で活かされていくのです。

七　デンマークの子どもたちの放課後の過ごし方

●共働き家族には、学童保育も必要

デンマークは共働きがあたりまえの社会。ですから、親が働いている時間帯に、安心して子どもを預けられる場所を社会が保障してくれることは、家庭と仕事の両立の絶対必須条件です。幼児期の子どもの保育についてはすでに触れましたが、義務教育の学校に通っている子ども（特に低・中学年児童）のいる家族の場合も、まったく同じです。

日本だと学校の授業が午後まであり、4年生からは放課後のクラブ活動もあるので、夕方まで学校の友だちや先生と過ごす児童はかなり多いと思いますし、低学年生なら、おかあさんが学校に迎えにきてくれるか、近所に住む友だちと一緒に集団下校でしょうか。でも、最近日本にも共

学童保育の工作活動

働き家族がかなり増えてきているので、学童保育のニーズも高まっているはずです。保育園が絶対数足りない話はメディアでよく取り上げられますが、学童保育は問題ないのかと気になっていたところ、2019年秋に厚生労働省が発表した調査結果を知り、「やはりそうなのか。」と変なところでうなずいてしまいました。その調査によると、2019年5月時点での利用登録者は約123万人と過去最多を記録。また児童受け入れ設備も約2万5000か所にまで増えているものの、ニーズに追いついていかない状況とのこと。待機児童は約1万7000人で、特に多いのは東京の約3800人、埼玉県や千葉県も1000人を超えるとか。この現象は「小一の壁」と呼ばれ、またしても、子どもを持つ母親の再就職および復職を妨げる要因になっているようです。

デンマークの場合は、学校に入学する0学年（6歳）から成人する18歳になるまでの学童・青少年に対しても、163ページで紹介したデイサービス法が適用され、放課後に過ごす場所が保障されています。これは保育園と同じように、基本的には市の管轄で、経費の約7割を市が負担し、残り約3割が保護者負担です。ただ低所得家庭や子どもの多い家庭や特別な配慮が必要な家庭・児童の場合などは、保護者の経費が軽減され、無償になる場合もあります。ですから、どんな家庭環境にある子どもでも、このサービスを利用することができるのです。ただし、これを利用するかしないかは、あくまでも各家庭の自由です。

市によって運営の仕方やサービス内容には多少差異がありますが、一般的には、低学年（6〜9歳）・中学年（10〜13歳）・高学年とそれ以上の年齢の未成年者（14〜17歳）に分けられます。この中で利用率が最も高いのは、なんといっても低学年児童向けの「学童保育」サービスです。低学年の授業終了時間は、午後1時頃なので、大半の保護者にとっては、なくてはならないサービスです。

保護者の立場からすれば、「子どもたちが放課後に別の施設に移動せず、そのまま学校にいてくれた方が安心だし、送迎もラクなのだけれど……。」と思うのは当然です。そこで、そのような保護者のニーズを国が汲み取り、近年デンマークでは、大半の義務教育の学校に、この部分の学童保育サービスが組み入れられて、学校教育と学童保育の融合がはかられました（義務教育法適用）。

そのため現在大半の国民学校では、0〜3学年の教室そのものが、放課後は学童保育のスペースに早変わりします。ただ放課後の活動は、あくまでも子ども一人ひとりが、多々ある選択肢の中から自分の好きな活動に自由に参加できなければならないので、低学年の教室が放課後の学童保育活動にも支障なく利用できるように、学校側はさまざまな工夫をこらしています。そして学童保育を校内に設けるために、校舎の一部を改修した学校もあります。雰囲気は学校によりまちまちですが、低学年の教室が一か所にまとまっていること、午後の間食や子どもたちが自由に集える集会スペースがあること、そこに簡易キッチンが併設されていることなどが必要条件でしょう。またデンマークの学校には、低・中・高学年それぞれの年齢層に応じた専用の校庭が教室のすぐ外にあるので、子どもたちは屋外でも自由に遊ぶことができ、指導者の目も届きやすくて安心です。

●学童保育の選択肢と指導者

低学年向け学童保育では、各種ゲームから工作・手芸・美術・パンやケーキ作り・ドラマ・ダンス・各種スポーツ・小動物飼育など選択肢は多く、グループ活動に参加してもよし、一人で読書するもよし、帰宅前に宿題をすませてもよしと完全に自由ですが、全員に入退ネームリストへの記入が義務づけられており、親や事前に通知してある大人の迎えなしに退席することはできません。これも安心安全対策です。

中学年向けフリータイム活動は、通称「フリータイムクラブ」と呼ばれている学校の敷地外施設でおこなわれていますが、児童は放課後三々五々徒歩や自転車でここに移動し、中学年児童に適した屋内外のさまざまな活動に自由に参加します。自立度・自律度ともに高くなってきているので、退席も各自自由です。

どちらのフリータイムサービスも、通常午後5時半頃まで開いています。この頃までには、保護者のどちらかが仕事を終えて帰宅するので、この閉館時間で問題ありません。万一両親ともに帰宅が遅くなるような場合は、祖父母などほかの大人がその穴を埋めることになり、私たちも、しばしば孫のピックアップを頼まれたものです。実はこのサービス、必要であれば、学校がはじまる前の朝の時間帯にも利用できます。保護者の中には出勤時間が早い人もいるので、これは大いに助かります。さらに学校が休みの時期（例えば夏休み）でも、一部の期間にフリータイムサービスが朝から利用できるので、その時期に休暇を取れない親にとっては、救いの神さまのようなもの。このサービスがあるからこそ、保護者は安心して仕事に集中できるのです。

高学年以上のフリータイム活動は、通称「青年クラブ」と呼ばれる市の施設が拠点となっており、夕方から夜の時間帯に開かれていて、バンド演奏・ビリヤード・ディスコなど若者が興味を持ちそうな活動が用意されているほか、地域の若者の交流の場や悩みや進路を相談する場にもなっています。デンマークにも、家には家族がまだ誰も帰宅していない、特になにかしたいことがあるわけでもなく手持ち無沙汰、といった青少年もいるわけで、そのような若者は、下手すると悪い仲間と交わり、非行に進む可能性もないとはいえません。そうならないためにも、若者たちが集い、さまざまなことを体験でき、さらに頼れる大人とも親身な人間関係を築ける「居場所」があることは、大切な社会資源です。

学童保育・フリータイムクラブ・青年クラブで子どもや若者たちの指導に当たっているのは、保育士たちです。日本語の保育には、乳幼児を対象とする養護や心身の健全な発達を促す教育の意味合いが強いですが、デンマークの保育士は乳幼児に限らず、すべての未成年者を対象とする全人的教育・情緒教育そして心身の育成など、広い意味での人間教育を担っている人で、その職場は、保育園以外にも未成年者のためのフリータイム活動の場、障がい児施設など広範囲にわたり、さらに学校の幼稚園クラスにもスタッフの一員として加わっています。幼児や低学年対象施設には女性が多く、中高学年やそれ以上の青年対象施設には男性保育士が多い傾向が見られます。

●スポーツその他のクラブ活動は、学校でなく地域で

以上のような学校や市が提供しているフリータイムサービスは、子どもたちにとっても、働く親にとっても、有益でありがたいサービスですが、この枠組みの中で体験できることには当然限界があります。個々の子どもが関心を示す余暇活動は千差万別。その希望をできるだけ親はかなえてあげたいと思うわけですが、その場合は、学校に放課後のクラブ活動がない国なので、自分たちが住んでいる地域や近隣地域のクラブに入会することになります。学校の先生は、学校教育

だけで精一杯。子どもたちの余暇活動は、地域の大人ボランティアが支援しています。

多くのクラブ、特にスポーツクラブは民間団体で（国からの補助金あり）、子どもからシニアまで年齢を問わず、誰でも参加できます。そして18歳以上の成人メンバーが、平日の午後週1～2回程度、ボランティアでヤングキッズの指導に当たり、またある程度のレベルに達すると、週末さまざまな試合に参加することになります。

数ある選択肢の中からいくつかあげてみると、スポーツならサッカー（男子の一番人気）・バトミントン・ハンドボール・乗馬（女子に人気）・水泳・空手・テニス・体操・ダンス等々、音楽分野なら市が運営している音楽教室で、ピアノや各種楽器やバンド演奏、コーラス等に参加できます。夕方や週末の活動とはいえ、クラブ活動の参加・送迎責任は親にあるので、子どもが一人で通えない年齢だと、共働きフルタイムの親たちの退社後の忙しさは尋常ではありません。でも親の中には、自分も同じクラブメンバーというケースもあって、忙しいといいながらも、親子で同じ余暇活動を楽しんでいるケースもあり、これはこれで微笑ましいものです。フルタイムの、しかもパパたちが、平日の夕方や週末にクラブ活動をサポートする時間があること自体、日本では考えられないことかもしれませんが、デンマークではこれも可能なのです。それは、働き方がちがうからです。

「私の孫たちのケースをご紹介すると、14歳（男子）はヨット、11歳の妹はヨット、ピアノ、コーラスで、この二人のパパはヨットクラブの監督。そして14歳（女子）は乗馬とギター、12歳の妹はヒップホップダンス、ピアノ、ガールスカウト、9歳の弟は柔道とボーイスカウトで、彼らのパパはボーイ・ガールスカウトのリーダーをしています。」孝子

八　進学するということ

●教育は職業へと続く道――中等教育でどちらを選ぶか

日本で「中学卒業後の進路は？」と聞くと「当然高校でしょ！」と大半の若者から返事が返ってきます。日本の文部科学省によると、高校進学率は97％以上だそうで、勉強が好きでも嫌いでも、ほとんどの生徒が中学を卒業したあと高校に進学していることがうかがえます。

ではデンマークの同世代の若者の場合はどうでしょう。彼らにとっては、義務教育のあとの進学先を決めることは、そう簡単なことではありません。デンマークの教育をひとことで表現すれば、「生きるため」の教育です。つまり、自分が最終的に選ぶ教育資格が、これからの人生・職業と結びついているのです。だからこそ、15歳の頃におぼろげながらであっても、自分の将来を描いて進路選択を考えることが求められます。親や教師のアドバイスを受けますが、最終的には、自分で決断しなければなりません。

この時期の中等教育への選択肢は、大きく分けて2つあります。それは高校（Gymnasium）と職業専門学校です。デンマークでは、高校は、さらにその後大学レベルの高等教育へ進むことを希望している若者が、専門資格教育を受ける前にまず「一般教養」を学ぶ場所と考えられています。もし自分が希望する職業の資格を取るために高等教育へ進む必要があるならば、高校へ進学することになりますが、希望する資格が別の分野にあるならば、なにも高校へ進学する必要はありません。その場合は、職業専門学校への道を選ぶことになります。

職業専門学校には、たとえば介護職・電気工・機械工・園芸師・調理師・美容師など１００種類以上の職域の専門教育が用意されています。そしてここでは、学校での理論と職業現場での実習が半々ぐらいの割合で組まれており、教育期間は2年から6年半と資格により異なります。実習では、現場の実習担当職員の指導を受けつつ働きながら学ぶので、理論だけの「頭でっかち」にはならず、卒業したらすぐ実戦力として働くことができます。

デンマークの若者がこのどちらを選ぶかというと、近年の傾向としては、高校進学を選ぶ比率が増え、２０１８年には高校進学率が73・1％になり、職業専門学校は19・4％でした。また高校に進学した生徒数は、10年前に比べて倍増している一方で、後者の進学希望者数は足踏み状態が続いています。この結果に対して、当時の文部大臣は「非常に問題だ！」と語ったのですが、なにが問題だったのでしょう。日本人ならば、「進学率がまだ低いことが問題なのでは？」と考えるかもしれませんが、大臣が問題視したのはその反対で、高校への進学率がここまで高くなる

車の修理工をめざす女子生徒

ことを問題視したのです。それはなぜかというと、「社会は多種多様な人材で構成されており、サラリーマンばかり育ってしまえば社会が回らなくなるので、若者には多岐にわたる資格教育を受けてもらいたい。」また「若者が、将来のことをあまり真剣に考えずになんとなく高校へ進学するようでは困る。」と考えたからです。これは大臣個人の意見ではなく、労働組合も、また多くの一般デンマーク人もそう思っています。そしてデンマークの伝統であるクラフトマンシップを守るためにも、職業専門教育をより魅力的なものにして、２０２５年までに義務教育を終えた若者の30％が職業教育に進むことを目指しているのです。ここでもまた、日本とデンマークの教育に対する考え方のちがいを痛感します。

「日本のニュースで、小学生が早くも中学を受験するために受験のストレスを抱え、心療内科を受診するような世の中になっていることを知りました。『そんな馬鹿な！』とテレビに向かっておもわず口走ってしまいました。」夏代

●入学はラク、でも卒業は大変

デンマークには入学試験制度がなく、受験戦争も塾もありません。ではどうやって次の進学先が決まるかというと、義務教育から高校への進学は、基本的に向学心と適応性が許られます。しかし、昨今高校への進学者が増加し、入学したものの、適応していないことでドロップアウトする学生が増えたため、国民学校終了試験の平均点にボーダーラインが設定されました。

このようにデンマークの教育は広く門戸が開かれていますが、問題は「卒業」です。デンマークでは、高校を卒業するにあたり、国家試験（Studentereksamen）を受けなければならず、この試験に合格した者は「ステューデント」という高等専門教育進学資格を取得します。また卒業成績は、この国家試験の成績と高校3年在学中の成績から割り出されるので、試験勉強だけ頑張っても良い成績が得られるとは限りません。3年間の勉学の成果が問われるのです。そしてこの卒業成績が、次の進路を決める大きなカギになります。

全国すべての高等教育機関の全学部は、毎年入学定員数を定めます。そして各学部の入学希望者がその定員数を下回った場合は、希望者全員が入学できることになりますが、希望者が定員数

高校卒業を祝うクラスメートたち

を上回った場合は、高校の卒業成績の高い順に定員数だけ入学が許可されることになります。ですから、もし倍率の高い教育機関の学部に入学したければ、高校時代にしっかり勉強しておかなければならないわけです。ただもし卒業試験の成績がボーダーライン以下であったとしても、それで自分の将来の夢が断たれるわけではありません。その場合は、高校卒業後にアルバイトをするとか、海外留学をするなどして社会経験を積んでポイントを取得し、また自分がその資格に適していることを論文にして提出し、それが認められれば入学が許可されます。

デンマークでは、「教育は国の投資」と考えられており、学びたいと考えているすべての若者に教育の機会を無償で提供して（私たちの税金で賄って）いますが、それと同時に、

「教育の最終目的は、社会に貢献する人材育成」とも考えているので、労働市場における人材の需要と供給バランスにも配慮しています。つまり、将来人材が不足することが見込まれる職種の資格教育には門戸を広くあけ、逆に人材過剰で失業者が多い職種の資格教育は門戸を狭くして調整しているのです。

高等教育に進学した若者たちは、受験戦争という苦しみは体験しませんが、入学した途端に専門の授業がはじまり、各科目の試験に合格して単位を取っていかなければ卒業できないので、入学はラクでも、卒業することは並大抵のことではありません。卒業試験に合格することが国家資格を取得することなので、学生時代を謳歌してばかりはいられないのです。

第四章

デンマーク女性はこうして立ち上がった

一　社会はだれが変えるか

これまでに、第二章では、デンマークの女性たちが社会でどう生き、またそれを支える社会システムがどうなっているかについてお伝えし、また第三章では、デンマーク人がどう育てられ、育っていくかをお伝えしてきました。こんにちのデンマークの若い女性たちは、各自がそれなりに自分の意見を持ち、自分の人生を自分で切り開いていく女性へと育っています。彼女たちは、親の収入に依存することなく、自分が学びたい教育を公費で受け、目指した仕事に就き、結婚や子育てを経験しながら国民年金受給年齢まで社会の一員として働きます。

デンマークの女性たちは、「働く女性」として、子どもの「母」として、そして配偶者の「妻」として三役を担って生きていますが、それは、世間からみて、とりわけ「すごい」ことでも「えらい」ことでもなく、自分で描いた人生設計図にもとづいて、「ごくごく普通に、自分らしく」生きているに過ぎません。

しかし人々の生き方は、個々の成長度や能力、そして育った家庭環境や社会環境に大きく左右されます。なにごとも政治家が先頭に立ち、トップダウン式に社会環境を変えていくことを好む国もありますが、中には、意識ある一般市民の叫びが波となって政治を動かし、社会環境を変えていく、いわばボトムアップ式を好む国もあります。デンマークは、まさに後者のボトムアップ型社会といえるでしょう。こんにちデンマークの女性たちが「自分らしく生きる」ことができるのは、これまで長年にわたりデンマークで生きてきた女性たちが、問題意識をもって立ち上がり、組織し、女性の社会的地位向上のために動いてくれたたまものなのです。なかでも、150年前に組織された女性による女性のための全国組織である「デンマーク女性連盟」（Dansk Kvindesamfund）と1970年代に当時としては過激な発想で男女同一賃金や性の解放を訴えた「レッド・ストッキング」グループによる女性解放運動が、大きな影響を与えました。

●「デンマーク女性連盟」の発足と貢献

デンマーク女性連盟は、1871年にマチルダ・バイヤーとフレデリック・バイヤー夫妻（Matilde & Frederik Bajer）が、デンマーク初の女性団体として設立したものです。この背景には、当時の社会が完全に男性優位社会で、女性たちには社会的権利がなく、人権も損なわれていて無力だったことがあります。この団体は、創立時から1900年頃までは、「女性解放運動」の主軸として、女性の教育参加、女性の自営業の促進、そして既婚の女性が自己財源を得ることなどのために積極的に動きました。

そして1906年からは、女性の国政選挙権獲得運動の波を起こし、その結果、デンマークでは1915年にようやくこれが認められました。当時のデンマーク女性たちは、自分たちが社会の一員として認められ、代表を選べることに歓喜しました。時の国王クリスチャン10世（在位1912〜1947年）は、デンマーク憲法の女性参政権を認める記述に署名しましたが、この日の国王の冷たい反応がエピソードとして後世まで語り継がれています。

女性代表団が憲法改正の儀にのぞみ、国王に謁見した時のことでした。代表が、「本日は選挙権をご承認いただき、最高に幸せな一日でした。」と喜びの気持ちを述べると、国王は冷ややかに、「それより早く帰宅して、ご主人にコーヒーを入れてあげた方がいいと思いますよ。」と返答したというものです。どうやら国王自身は、女性の社会進出を必ずしも喜ばしいものとは思っていなかったようです。

国政選挙権を勝ち取ってからは、男女平等権や女性と子どもの生活環境向上に目が向けられ、また、女性が国政選挙権を得たことがきっかけとなり、デンマークでは、男女平等法の下に、女性公務員の同一賃金法や公務員の男女同一労働法などが次々に制定されていきました。しかし、第一次世界大戦が勃発してから第二次世界大戦が終わるまでの時代には、経済不況も影響して、活動が一時的に消極的になり、やっと獲得した権利が剥奪の危機に陥ったこともありました。

デンマーク女性連盟が再び息を吹き返したのは、大戦後、デンマークの多くの女性たちがいっせいに社会のさまざまな分野に進出した時のことです。女性たちがいざ社会に出てみてはじめて気づいたことは、当時の世の中がまだまだ男性優位であって、働く女性への風当たりが強く、賃金や雇用面での男女不平等をはじめとする多くの問題が山積していたという現実です。デンマークの働く女性たちは、ここにきて改めて女性運動の必要性を強く感じ、デンマーク女性連盟のメンバーが急速に増えて運動が活発化します。

この全国組織を中心とする当時の女性運動の特徴は、イデオロギーのちがいや主婦と働く女性のちがいを越えて、みなが「女性」という共通項で団結し、男性と闘うのではなくて、男性を巻き込みながら、女性の地位向上のために努力した点です。そして、中央組織のメンバーたちは、戦略を立て、国に働きかけて法律を改善し、さらに女性リーダーの育成に尽力しました。一方全国各地のローカルメンバーは、一般女性市民の意識改革を目指して、サマーキャンプや討論会などを実施しました。

そして、社会における女性の影響力を強化するには、女性がどんどん政治に参加しなければならないと考えて、地方選挙や国政選挙の折に、「どの政党でもよいから、とにかく女性の候補者に投票しよう！」というキャンペーンをおこなったこともありました。このような運動や女性の地道な意識改革活動が功を奏して、デンマークでは、国会における女性議員の比率が、１９４５年の５％が、１９７１年には17％、１９８７年には29％と上昇し、現在は40％を超えるまでになっています。クオーター制を取らないデンマークでは、他の北欧諸国よりゆっくりした伸びかもしれませんが、大戦から70年を超える変遷の中で、女性の政治参加、社会参加は着実に実を結んできているのです。

さらに私たちが「すごいなー」と思うことは、「デンマーク女性連盟」の歴代会長経験者３人が、その後大臣に抜擢されているという事実です。一人目の会長は通産大臣になり（1950年代）、二人目は社会大臣・文化大臣・法務大臣を経験し（1960〜70年代）、そして三人目は労働大臣になりました（1980年代）。社会活動家が政治家となって国の法律やシステムを変えていく、まさにボトムアップの構図がここにも見られます。

とはいうものの、このような女性運動は、順風満帆できたわけではありません。女性を含む保守的な市民の根強い反発もありましたし、女性の意識改革が進んだことにより、これまでの社会における男女関係が著しく変化して、離婚の増加や少子化現象が起きる要因にもなりました。150年前から脈々と続いてきたデンマークの女性運動で得られた「女性の自立」は、時には犠牲をも伴うものであったのです。

「デンマーク女性連盟のローカル活動に積極的に参加していた私の義理の母は、それまでの女性運動をかえりみて、『私たちが努力して社会を変えてきたことにとても誇りを持っていますよ。ただ一つだけ胸を痛めることは、女性の自立が進んで離婚が増えたことのつけが、子どもたちに回ってしまったことね。』とよく話していたことが忘れられません。」孝子

●レッド・ストッキング運動

デンマークの近代女性史は、「レッド・ストッキング運動」を外して語ることはできないほ

ど、女性解放運動で重要な役割をはたしました。女性連盟は1960年後半ごろから「中絶の自由」を求める活動をはじめましたが、特に「デンマーク女性連盟」の青年部がこの活動に熱心でした。当時世界各国で女性解放運動の波が起こり、青年部はアメリカで活発に活動していた社会主義女性運動「The Red Stockings」の影響を受け、青年部の女子学生が中心となって、デンマーク版レッド・ストッキング運動が誕生しました。

私たちはレッド・ストッキングと聞くと、過激な女性運動のイメージが頭に浮かびます。たしかに当時のグループの行動は、それまでに見たことも経験したこともないような極めて挑発的かつ大胆なものでした。彼女たちは、労働市場での男女平等を訴え、また男女の性別からくる社会的な性差や価値観にも問題があると訴えました。

彼女たちが取った行動の中で今でも武勇伝のように語られるエピソードをいくつか紹介しますと、男女同一賃金を訴えるのに、若い女性がバスに乗り込み、「女性の労働賃金は男性より2割低いから、バス代も8割にすべきだ。」として満額を払わず、バスの運転手に抱き下ろされたこととか、男性が求める「女らしさ」に異議をとなえて、女性は自然のままの姿が美しいことを主張するために、ブラジャーを外す運動などもおこないました。メディアは、このようなレッド・ストッキング・グループの行動を非日常的と感じて競って報道したため、これが当時の若い女性たちをさらに触発することになったようです。

当時のグループの中心的存在として活躍していた女性たちの多くは、その後教員や作家やジャーナリストとなって、個々に自分たちの主張を社会に伝えていくことになります。そしてその中には、さまざまな職業を経験した後に政治家となり、社会大臣を務めた人もいました。彼らの取った挑発的な行動は、国民の間で賛否両論でしたし、元来の「デンマーク女性連盟」が目指していたものとは一線を画すものであったことは確かですが、彼女たちの活動もまた、現在のデンマーク女性の自立に大きく貢献したことは、まちがいありません。

二　年表がもの語るもの

私たちが生活する社会環境は、その国の政治や文化そして人びとの考え方が大きく左右して構築されていきます。そして私たちが生きやすいと思う社会は、決して一夜にして構築されたものではありません。これまでに生きてきたデンマークの女性たちが、どのように「声を上げ」、「前に出て」、女性の自立社会を築いてきたかは、女性史をたどった次のような年表を通して垣間見ることができます。

デンマークの女性史

<table>
<tr><td>1871年／明治4年</td><td>デンマーク女性連盟が設立される。</td></tr>
<tr><td>1875年／明治8年</td><td>女性の大学入学が許可される。</td></tr>
<tr><td>1901年／明治34年</td><td>女性工場労働者に有給で4週間の産休が認められる。</td></tr>
<tr><td>1908年／明治41年</td><td>女性に地方選挙権が認められる。</td></tr>
<tr><td colspan="2">デンマーク女性連盟は、早くも1880年に、女性の地方選挙権を要求して運動を起こし、2万人の署名を集めましたが、この要求がかなえられたのはそれから28年後のことでした。</td></tr>
<tr><td>1912年／大正1年</td><td>結婚の誓いから「妻は夫に従い」の言葉が削除される。</td></tr>
<tr><td>1914～1918年／大正3～7年</td><td>第一次世界大戦　デンマークはほぼ中立保持。</td></tr>
<tr><td>1915年／大正4年</td><td>女性に国政選挙権が認められる。</td></tr>
<tr><td>1919年／大正8年</td><td>女性公務員の同一賃金法が制定される。</td></tr>
<tr><td>1921年／大正10年</td><td>公務員の同一労働法が制定される。</td></tr>
<tr><td>1924年／大正13年</td><td>初の女性大臣誕生：ニナ・バング（Nina Bang）文部大臣。</td></tr>
<tr><td>1939年／昭和14年</td><td>中絶法が施行される。</td></tr>
<tr><td colspan="2">妊娠が妊婦の健康を害する場合、または生命に危険がある場合、また妊娠が強姦を受けた結果であった場合のみ認められました。</td></tr>
<tr><td>1940年～1945年／昭和15年～20年</td><td>第二次世界大戦中、デンマークがナチスドイツ軍に占領されていた時期。</td></tr>
<tr><td>1966年／昭和41年</td><td>避妊薬ピルの自由化。</td></tr>
<tr><td colspan="2">保健省が避妊薬ピルを承認。アメリカでは1960年にすでに避妊薬“The Pill”が承認されていましたが、デンマークはその6年後に自由化されました。1973年におけるピルの使用率は15～44歳の女性の29％で、現在は15～39歳の約42％が使用しているといわれています。</td></tr>
</table>

<table>
<tr><td>1968年／昭和43年</td><td>国民登録法により中央個人登録制を導入。</td></tr>
<tr><td colspan="2">デンマークに住む全ての人（デンマーク国籍所有者に限らず、外国籍でも居住許可を取得して住民登録をしている人）に適用される中央個人登録システム（日本でいうマイナンバー制度に相当する）です。デンマークでは、子どもが生まれるとすぐにマイナンバーを受け取り、生まれたばかりの赤ちゃんの腕にナンバーリボンがつけられます。マイナンバーは10桁で、初めの6桁は本人の生年月日（例：010203 = 2003年2月1日生）で、残り4桁の最後が偶数であれば女性、奇数であれば男性となります。この法律は個人データを一括することが目的で、社会生活を営む上で重要な全ての機関（例:税務署、市役所、金融機関、医療機関、教育機関、警察等）で、必要に応じてこの番号の提示が求められます。</td></tr>
<tr><td>1973年／昭和48年</td><td>人工中絶法施行。</td></tr>
<tr><td colspan="2">妊娠12週間目までの人工中絶が可能になりました。2019年の統計では、人口中絶を受けた女性は1000人中12名で、この比率は年々低下してきています。</td></tr>
<tr><td>1978年／昭和53年</td><td>男女均一労働法の施行。</td></tr>
<tr><td colspan="2">デンマーク女性連盟は、早くも1883年から男女同一労働賃金を求めていましたが、これが法律化されたのは、一世紀近く経過した95年後のこと。現在でもなお男女が同じ肩書と責任を持ちながら、労働賃金には8％～13％の差があるといわれています。いまだに賃金格差が存在することは事実なのですが、一般的に、男性より女性の労働時間の方が多少短いことも統計数値に表れているので、実質的な賃金格差はさほど大きくないと唱える学者もいます。</td></tr>
<tr><td>1982年／昭和57年</td><td>夫婦別姓が認められる。</td></tr>
<tr><td colspan="2">それ以前は、女性が結婚すれば自動的に夫の姓に変更されましたが、法律の改正により、既婚女性に姓の選択が認められるようになりました。現在では、旧姓を保持する女性が非常に多く、姓だけではその人が婚姻関係にあるのか、同棲関係にあるのかは判断しかねます。しかしデンマークでは、婚姻関係にあるか否かは、あくまでも当事者の問題であって、親も含めて他人がとやかくいう事柄ではないのです。</td></tr>
</table>

<table>
<tr><td>1983年／昭和58年</td><td>所得税申告制度が改正され、既婚女性の個別納税が認められる。</td></tr>
<tr><td colspan="2">デンマークにおける女性運動の歴史の中で、権利取得に一番てこずったのは、働く既婚女性一人ひとりが自分で働いて得た所得から自分で税金を納める権利でした。デンマークでは、長い間、働いている既婚女性の場合、夫と二人の収入の合計額で納税額が決められていました。このことは、二人が別々に納税するよりも高い税金を納めなければならないことを意味し、デンマーク女性連盟は、これが既婚女性の就労を妨げる要因になっていると考えて、1913年にはじめてこの問題を大きく取り上げ、法律の改正を要求して7万人の署名を集めました。
しかしその後何度も法律改正を訴えたものの、なかなか実現せず、これが認められたのは、1983年、なんと70年後のことでした。大半の日本人は、「税金を納めることは、働く者の義務」と考え、「出来ることなら、あまり払いたくない。」と考えている人もいるかと思いますが、デンマークの女性たちは、70年にわたり粘り強く、自分で税金を納める権利を得るために闘ってきたのです。そして現在デンマークでは、男女を問わず、年齢を問わず、納税は義務であると同時に市民に与えられた権利（＝市民権）であるととらえているように思われます。年金生活をしている高齢者も、奨学金をもらっている学生も、収入の一部を税金として納めています。これが、社会の一員であることの証（あかし）なのです。</td></tr>
<tr><td>1984年／昭和59年</td><td>男性の出産育児休暇取得が可能。</td></tr>
<tr><td colspan="2">デンマークの産休・育休の歴史を振り返ってみると、まず1901年に、女性の工場労働者に支援金つきで4週間の出産静養日を取ることが可能になったことからはじまります。時を経て1984年には、母親だけでなく、父親にも出産後2週間の産休に加えて、子どもが生後15週から24週目の間に、母親に代わって最大10週間まで育休がとれるようになりました。</td></tr>
<tr><td>2002年／平成14年</td><td>産休・育児休暇法の改正で産休・育休が５２週間に改正された。</td></tr>
<tr><td>2007年／平成19年</td><td>親権法が改正され、両親がそれぞれ親権を得ることが可能になった。</td></tr>
</table>

「私は、結婚すれば当然夫の姓を名乗ることになると思っていたので、なんの疑問も持たずに変更しましたが、長女は結婚を機に夫の姓を名乗ることを『選択』して決め、次女は旧姓をミドルネームにして残しました。ただ孫たちは、あまり長ったらしい名前になるのはまずいという理由で、母親のミドルネームを外して父親の姓だけ名乗っています。孫たちが将来結婚することになったら、どんな姓を名乗ることになるのでしょう。」孝子

「6年前にデンマーク人と結婚して日本で生活している私の娘は、結婚しても旧姓を名乗り、夫婦別姓です。彼女の夫は妻の姓を名乗りたいと思っているようですが、今のところは、郵便受けに二人の氏名が並んで標記されています。」夏代

三　百年前のデンマーク人の生活

デンマークの女性たちが自立を求めて動きはじめたのは、今から約150年前のことですが、ひとむかし前のデンマーク人の生活は、同じ時代の日本人の生活と大きく異なっていたのでしょうか、それともあまり変わりなかったのでしょうか。ここに百年ほど前のデンマークの子どもたち、夫婦、労働者の生活の概要を紹介します（出所　デンマーク労働博物館出版「1900年の家族と

生活」)。

●百年前の子どもたち

現在デンマークでは、誰もが、「子どもは社会の宝物だ。」といい、幼少年期の子どもや青年期の若者たちは、年齢相応に子どもらしく・若者らしく、すくすく育つのがよいと考えています。しかし百年前のデンマークでは、学校の授業時間は短く、特に農家や低賃金労働者の家庭の子どもたちは、家計の足しになるように、放課後7時間ほど働くのは当然だと考えられていました。また朝早く登校前にも牛乳配達をして家計を助けていた子どもたちも多かったのです。子どもたちの遊び場は少なく、また遊ぶ時間もあまりありませんでした。

ただ未成年者の労働に関しては、1873年の法律で10歳以下の子どもが工場で働くことが禁止され、10歳以上の子どもの労働時間も、下校後6時間半に制限されました。しかし実際は、子どもの稼ぎが家計に必要だった低所得者層の家庭では、その後も10歳以下の多くの子どもたちが工場で働いていたようです。

当時の子どもは大人になるのが早く、7年間の義務教育を終了して14歳で堅信式を受けると大人と見なされて、働きに出るのが普通でした。

子どもたちは、学校や仕事場では「だまって前に進め。」が決まり文句でした。「無駄な話はしない、聞かれた時だけ答える、いわれたことをやる、質問はしない、みなが同時に同じことをする。」というまるで兵隊のような行動が要求され、教師は、子どもの態度が悪いと判断した時には、子どもを平手うちすることも許されていました。

子どもたちは6～7歳で学校に入学し、1クラスは35名程度でしたが、行儀がよくて成績が優秀な児童は前列に座り、工場で働きながら学校に通っている児童は、教師の声も聞き取りにくい後ろの席に座らされていたようです。このような就労児童たちの日常生活は、午前中は学校に通い、午後は働くというパターンでしたから、当然疲れて宿題がおろそかになることや、勉強についていくことが困難だった児童も多かったのです。

デンマークは、世界のどの国よりも早く、今から約200年前の1814年に義務教育制度を導入し、男女を問わず、すべての子どもが7年間の義務教育を受けられるようになりましたが、一世紀を経た百年前のデンマーク社会には、まだまだ上流階級と労働者階級の社会格差が歴然と存在しており、当時の子どもたちの生活環境や将来への可能性は、生まれた「家」の経済状況に大きく左右されていたのです。

●百年前の夫婦

当時の良家の娘や息子の場合は、結婚前に同棲することなど一般常識として考えられないことでした。またひとたび結婚した夫婦が離婚に至るケースはめずらしく、夫が妻と子どもを扶養するのがあたりまえでした。当時家庭を持つためには、家具や台所・生活用品など一式をそろえる必要がありました。そのため、ある程度資金がたまらないと結婚できなかったわけで、当時の結婚平均年齢は、女性が25歳、男性が29歳と比較的遅く、現代とあまり変わらなかったようです。

当時の一般家庭は子だくさんで、5～6人の子どもがいるのはあたりまえでした。特に農家や労働者階級の家庭では、働き手としても子どもは多いに越したことはなかったわけです。しかし当時は、子どもに恵まれても、全員が健康に育ったわけではなく、子どもの4人に1人が5歳未満で亡くなりました。また当時は、社会保障がまだ整備されていなかったので、夫婦が歳をとれば、子どもが親の面倒をみるのが当然だと考えられていました。

1905年に結婚式を挙げたリーナとアイナ(Line & Einer)。庶民層では後日、多目的で利用できる黒のウエディングドレスが一般的でした。
出典：労働者博物館(Arbejdermuseet)

また未婚の女性が子どもを身ごもると、それは家族の「恥」と見なされ、生まれる子どもも不当に扱われました。中絶という選択肢がなかった当時は、たとえ子どもが生まれてすぐ結婚したとしても、その汚名が消えることはなく、母親にとっても、生まれてきた子どもにとっても、偏見に満ちたつらく厳しい人生でした。

また当時は、父親のひとことがすべてを決定する時代でもありました。母親は、夫が外でしっかり働いて稼げるように、日常生活における家事全般を担っていました。そして妻が働きに出ることなど男の沽券に関わり、世間体にもみっともないと考えられていて、女性の美徳は、「良妻賢母」になることでした。父親は一生懸命外で働いて家族を養い、妻は家事全般と子どもの世話をする、という男女間のはっきりとした責任分担が存在していた時代だったのです。

そのような時代に、世間一般の良妻賢母の枠を超えて、家で働く女性も、外で働く女性も、一丸となって立ち上がり動いたことは、どれほど困難を伴い、どれほど大きなエネルギーと強い信念が必要だったことだろうと考えると、私たちは、ただただ敬服するばかりです。

●百年前の労働者

百年前のむかしと今とで大きく異なることの一つは、就寝時間と労働時間を除いた個人の自由時間です。当時の大人の平均的な労働時間は、昼休みの1時間を入れて1日12時間でした。男性労働者の多くは、職場までの通勤時間が30分から1時間ほどでしたが、仕事を終えた後すぐ家路につくよりも、飲み屋で一杯喉を潤してから帰宅することが多く、家に戻ると夕食までソファーでごろり、というパターンが一般的だったようです。当時は土曜日も平日だったので、このような光景が週に6日間続き、安息日の日曜日でさえ、家計を潤すために仕事に出ていた男性がかなりいました。多くの労働者にとっては、稼ぎの少ない長時間労働の人生だったのです。それは、主要食糧だったライ麦パンを1キログラム買うためには30分働かなければならず、コーヒー1キログラム買うためには8時間半、バター1キログラム買うためには6時間働かなければ手に入れることができなかったことからも想像できます。

ですから彼らにとっては、休暇など夢のまた夢でした。百年前に労働組合に加盟していたのは、デンマークの労働者の4人に1人に過ぎず（とはいっても、現在の日本の組合加盟率ぐらいはあったわけですが）、労働組合の加盟者でも年間3～4日の無給休暇が限度でした。

労働者階級の家庭に育った若い女子の一般的な働き口は、地主や上流階級の家庭に奉公に出ることでした。「礼儀作法を学ぶため」という目的もありましたが、いわゆる「女中」として掃除・洗濯・台所仕事など家事全般を担っていました。労働時間も休日もはっきりとした規則はなく、家主からの横暴も当然という厳しい労働環境でした。それでも120年前の1899年には、女中組合が設立されて、少しずつ労働条件の改善が図られていきました。

四　あるシニア女性運動家・元政治家が目指したかったこと

過去約150年にわたり、デンマークの多くの女性たちが、時代の波にもまれながらも常に「自分たちのため」そして「自分の子どもや孫世代の女性たちのため」に、「女性の自立」を求めて動いてくれたことが、こんにちのデンマーク社会でイキイキと働く女性たちを生んだのだと、私たちは思っています。

学生時代からデンマーク女性連盟に加盟し、7年間会長を務め、その間に市議会議員および国会議員としても活躍し、さらにその後労働大臣となったグレーテ・フェンガー・ミュラー（Grethe Fenger Møller、1941年生まれ）は、デンマーク女性連盟創立125年を記念して1996年に出版された機関誌の中で次のようなことを述べています。

「今後の平等社会作りで大事な課題の一つは、男性にとっても、女性にとっても、いかに仕事と家庭を両立させるかということでしょう。どうすれば、私たちみなが、自分たちの人生を満足のいく平等な方法で調和させることができるでしょう。そしてどうすれば、私たち個人の能力をフルに活かし、かつ私たちの子ども世代にも良い基盤を作ってあげられるでしょうか。これが、今を生きる男性と女性が一緒になって真剣に考えるべきことなのです。」

五　デンマークの女性元大臣にインタビュー

私たちは、これまで仕事や日々の暮らしを通じて、デンマークにおける女性の地位向上と自立のために尽力してきた数多くの女性たちに出会ってきました。その中の一人ユッテ・アナセン

（Jytte Andersen、1942年生まれ、元国会議員・3大臣歴任）が私たちのインタビューに快く応じ、次のように語ってくれました。

あなたは、1970年代から政治活動をはじめましたが、政治に関心をもった動機はなんでしたか？

「私は、母一人子一人の貧しい家庭に育ちました。母は縫製の仕事をして生計を立て、私はそれなりに良い子ども時代を送ったのですが、やはり非嫡子という立場だったし、経済的な余裕はなく、あらゆる面で不平等や不条理を感じました。ですから、もっと公平な社会を作りたいと常々考えていて、会社事務員の仕事をしながら、17歳で社会民主党の党員になり、この組織の中で活動しながらさまざまなことを学びました。

国会議員30年間、大臣歴8年間のユッテ・アナセン

その後結婚して移り住んだ市が、当時近隣の市に比べて保育園不足など社会福祉が整備されていないことに気づき、なんとかこれを改善しようと思って、32歳で市議会

選挙に立候補して議員になり、市議を6年間務めました。その頃すでに政党内でも中央理事会の一員となっていて、ある同僚から、「一地域の政策に関わるだけでなく、国の政策に関わってみたら?」と背中を押され、37歳で総選挙に出馬して当選しました。最も関心が強かった分野は、社会福祉・教育・労働市場でした。」

あなたにとり、政治とは、政治家とはどういうものですか?

「『自分や自分の家族が満足できる生活を送れれば、それで良い。』と考えている人が多いけれど、みなが自分のことだけ考えていたら、社会は前進しません。やはり政治家が社会全体の発展を考えて、政治の名のもとに大事なことを決定していかなければね。その決定に自分も加わり、大きな影響力を持ちたい、と思ったわけです。」

あなたは、30年近い国会議員生活のうち8年間大臣として活躍されました。はじめに労働大臣(6年)、次に住宅・都市大臣(3年)そして平等大臣(1年)ですが、大臣時代に力を入れたことで、それが現在のデンマーク社会にも活かされている政策の一部を教えてください。

「私が労働大臣になった当時、デンマークは不景気で、失業者が35万人にまで達していました。これは小国デンマークにとっては深刻な問題で、特に若者や女性の失業者が多く、一刻も早くこの状況を打開しなければなりませんでした。当時失業手当は12年間継続支給されていましたが、私はあえてこれを短縮し、教育を労働政策とドッキングさせて、長期失業者の再教育システムを強化し、また失業手当を受けながら1年間教育休暇や出産育児休暇を取れる仕組みを作りました。この制度を大いに活用したのは、女性でしたね。これらの取り組みが功を奏して、失業者数は6年間で約36％下がりました。教育を労働政策に組み入れるこの取り組みは、デンマーク独特のもので、今でも続いています。」

「住宅大臣時代にもいろいろ手掛けましたが、社会的弱者が多く住んでいる社会集合住宅やその地域の環境を、住民組合が中心となって底上げする活動起こしや、ホームレスの人たちに住まいを提供することや、障がい者にとって暮らしやすい住宅や街づくりを目指して、バリアフリーを推進したことですね。」

「そして初代平等大臣となった時には、平等法を制定して、すべての官庁で男女平等（50対50）を達成するためのプラン作成を全大臣に義務づけました。ただその後政権交代があり1年しか大臣を務めなかったので、希望したレベルの成果達成には至りませんでしたが。」

近年日本では、就労女性が増えてきましたが、仕事と家庭の両立が難しく、出産を機に退職する女性があとを絶たない状況で、大きな社会問題となっています。日本の女性たちが社会でさらに活躍するには、どんなことが必要なのでしょう。

「女性が働きにくい社会は、それこそ資源の無駄遣いですね。ひとことアドバイスするのであれば、やはり『女性が団結して、大きな声を上げること』しかないでしょうね。デンマークの女性たちは、長年にわたり、これを何度も何度も繰り返してきたけれど、それでも後退することもあったのよ。国会に多くの女性が選出されるようになっても、女性議員同士が連携して協力体制を取らないと、私たちの声はなかなか通らなかったから。」

あなたは、デンマーク社会のなにを誇らしく思っていますか？

「この国には、社会福祉、教育、労働市場など社会のどの分野にも、デモクラシーが根づいていて、機能していること。多くの人たちが決定に参加する機会を持ち、責任感を抱き、社会に影響力を持つことができること、ですね。」

もしよろしければ、退職後の今、どのような活動をされているか教えてください。

「一年365日水泳は欠かせない日課ですが、ブリッジやサイクリングも大好きだし、家族や友人と旅行することも楽しいですね。それから求められれば、今でも現役政治家にシニア政治家としてアドバイスすることもあるし、政治的なテーマを自由に語り合えるカフェクラブにも参加していきます。そしていろいろな活動を次世代へとつなげていくことも。」

最後にあなたは、女性に生まれてきて良かったと思っていますか？

「もちろんよ。デンマークはいろいろな面で平等社会に近づいていると思うけれど、まだ平等でない部分も依然存在しています。だから女性であることは、常にさまざまなチャレンジに立ち向かうことで、これが面白いし、ワクワクするのよ。」

六　日本にも女性運動はあったけれど……

私たちは、これまでデンマークの女性たちが女性の社会的地位向上を求めて150年余かけて運動してきた歴史をたどってきました。その過程の中で、同時代の日本の女性たちはどのような運動をし、それがどう今日につながっているのか知りたくなり、むかし購入して長年たいせつに温めていた『加藤シヅエ　百年を生きる』（ヘレン・M・ホッパー著、加藤タキ訳、ネスコ／文藝春秋出版）を読み返し、明治末期・大正・昭和を生き、アメリカやヨーロッパの影響を受けて行動を起こした日本人女性運動家たちのことを少し調べてみました。

日本で生涯かけて女性運動に取り組んでいた人の中には、加藤シヅエ（1897年～2001年）、市川房枝（1893年～1981年）らがいましたが、彼女たちは、日本における産児制限や人工妊娠中絶の自由、女性参政権獲得に尽力し、日本女性の生活向上におおいに貢献しました。私たちは、男性優位が当然という日本の厳しい社会環境の中で意思を貫いた女性たちに敬意を表し、ここに二人の足跡を紹介します。

●加藤シヅエが残したこと

彼女は、なんと、19世紀末から21世紀初めまでの104年という長い人生を送った人ですが、彼女は裕福な良家の子女に生まれ、17歳で男爵と結婚。その後アメリカでの多難な留学生活や欧州への旅も体験し、当時アメリカで産児調整（バース・コントロール）を主張して注目を浴びていたマーガレット・H・サンガー（1879年〜1966年）との出会いから、女性の自立や封建的家族制度から解放することの重要性を学びました。

その後彼女は、「日本の女性が自由に成長発展するには、まず女性自身が解放されるべきだ。日本の女性は、もっと自己開発に費やす時間とお金を持つべきだ。産児調整は、女性の肉体・精神的な自由と自立に不可欠だ。」という強い信念のもとに、日本でさまざまな政治・社会・啓蒙活動をはじめることになります。当時彼女はまだ20歳代で、すでに2児の母でもあったのです。

その後1920年代（当時シヅエ40歳代）には、自ら事業を立ち上げ、治安警察法改正運動（目的　女性の政治的集会・討論参加の自由）や女性参政権運動に参加し、足尾銅山の労働者に産児調整などにつき講演することもあり、またアメリカにまで遠征して日本における女性の立場や産児調整活動の実態などについて講演することもありました。

１９２０年代、30年代そして40年代の日本は、大正および昭和の戦時・戦中・戦後の時代です。まず大正時代には、普選運動・社会主義運動・労働運動そして女性解放運動などの社会運動が活発化し、１９２３年には関東大震災が発生。そして次第に帝国主義が強まり、日中戦争が起き、その後第二次世界大戦へと突入していきます。

このような嵐吹きまくる時世に生きた加藤シヅエは、社会・自立意識に目覚めたゆえに夫との夫婦生活が維持できなくなり別居（なかなか離婚させてもらえなかった）、労働運動活動家との恋愛関係、その後の結婚、48歳での出産などを体験します。そして戦後、婦人参政権が認められた最初の衆議院選挙で当選して、国会議員にまでなります（当選者４６６人中、女性は39人）。その後も休むことなく、政治家として（といっても女性議員の存在は薄かったようですが）、また民主主義ヒューマニストとして、国政家族計画連盟会議設立、コンドーム販売、ピルの紹介、人工妊娠中絶の自由や売春防止法への働きかけなどなど、私たちにはとても信じられないほどエネルギッシュな人生をまい進し、勲一等授与、日本人初の国連人口賞も受賞して、１０４歳で人生の幕を閉じました。

●市川房枝が残したこと

当時のもう一人の大物女性運動家である市川房枝は、地方の農家出身であることは加藤シヅエと異なる点ですが、教育熱心だった父親は、子ども全員に高い教育とアメリカ留学をさせ、３女の房枝も例外ではありませんでした。彼女は若い頃から良妻賢母教育に反対し、20代にして平塚らいてうたちと日本初の婦人団体である「新婦人協会」を設立、また数年後には「婦人参政権獲得期成同盟会」（その後婦選獲得同盟と改称）を設立するなど、特に婦人参政権運動のキーパーソンとして活躍しました。皮肉なことに、これが認められた最初の選挙の時、彼女は立候補できず、その上有権者名簿の登録漏れということで、投票すらできなかったとのことです。

ただ１９５３年の参議院選挙でようやく当選し、その後は通算5期25年間国会議員を務め、87歳の高齢になっても参議院選挙に立候補して全国トップで当選をはたしましたが、翌年議員在職のまま死去しました。

同時代に生きたこのほかの日本女性運動家も、一人ひとりが試練多い数奇な人生を送ったのだと思います。激動の近代日本社会の中で、このような日本の先人女性たちの苦労と努力は、どんなに過酷で血のにじむようなものだったろうと思うと、ただただ頭が下がる思いです。しかし、今回関連著書やいくつかの資料を調べてみて私たちがショックを覚えたことは、これらの先人女性たちが女性解放のために、時には手を組んで活動し、またさまざまな組織を一緒に結成したけれど、それらを進めていくうちに、見解の相違が生まれて袖を分かつことになったこと、そして彼女たちが生んだエネルギーが、残念ながら一つの女性全国組織へとまとまらなかったことです。

●その後の動き

日本とデンマーク両国でほぼ同時期に女性運動が起きたわけですが、日本では生活向上は達成できたものの、まだまだ根強い男女不平等や格差があるのではないかという疑問を私たちは今なお抱いています。そのような中で、日本の友人から一冊の本をプレゼントされ、その疑問が少し解けたように思われます。それは、『何を怖れる――フェミニズムを生きた女たち』（松井久子編集、岩波書店）という本で、戦後フェミニズム運動をしてきた12人の女性活動家の軌跡がインタビュー形式で綴られているものです。

この中で松井久子は、「幼い頃から現実と本質を直視することをはばむ教育を受け、家庭の中でも、社会の中でも、『いい子』であり続けた、またいい子であり続けようとしている女性たちは、日々さまざまな怖れを抱えながら生きている。誰とももめたくない、嫌われたくない、この私になにかを変える力などない、そんな心理は、私たち自身の中にある『怖れ』であった。」と語っています。

この本に紹介されている女性フェミニストたちが、各自の専門分野や関心分野ですばらしい活動や仕事をされてきたことから学ぶことは、多々あります。しかし私たちが日々感じていることを正直にいうならば、ここでも個々の人の活躍が、一つのまとまったうねりにまで結集されていないという事実です。

日本はむかしから村社会。今でも、それぞれの地域でそれぞれ努力しながら、さまざまな取り組みがおこなわれていても、それが地域を超えて全国的な動きへとなかなか発展していかない。キラキラ光る「点」は数えきれないほどあっても、それが「線」としてつながり、そして「面」になっていかない。これは、私たちが長年日本とかかわりを持って仕事をしていて常々強く感じていることなのですが、この日本特有の傾向は、これまでの150年近い女性史においても、同様にいえることなのかもしれません。私たちは、しばしばデンマーク女性と日本女性がディスカッションできる場を過去に作ってきましたが、そのたびに、デンマーク女性たちの口を突いて出たのは、「あなたたちがこれからも闘って成果を出していくには、女性という大きな共通項でまとまり、組織して、全国的なうねりを作っていくこと。それしかないと思うわ！」という激励の言葉でした。

第五章

夏代と孝子はこうして
デンマークで生きてきた

一　夏代の歩んだ日々

●あっという間の50年

私は今、「光陰矢の如し」というむかしからのたとえの意味をしみじみとかみしめています。２０１９年３月で私と夫が結婚して50年の年月が経ち、金婚式を祝う夫婦となりました。デンマークでは、誕生日を含め人生の節目に盛大なお祝いをする習慣がありますが、私たちは、海外にいる家族を一堂に集められないので、パーティーを開くより私たちへのプレゼントとして地中海に浮かぶ小さな島、マルタ島にフルムーンの旅に出かけることにしました。マルタ島は、すき通った美しいエメラルド色の海に囲まれ、中世の街並みに騎士団の軌跡に思いを馳せながらの一週間は瞬く間に過ぎてしまいました。

私たちが旅行を選んだのには、他にも理由がありました。実は、風邪一つ引いたことがなかった夫が、２年前に脊柱管狭窄症の疑いで撮ったＭＲＩで思いもよらない重症の前立腺がんと診断され、一瞬にして未来が黒のカーテンで閉ざされたような思いを味わいました。

夫は幸いにも現代医学の力と彼の病気と向き合う強い意志とで、一年かけた治療がよい成果をあらわし、がんは小康状態になりました。ところが安堵を味わったのも束の間、その翌年には、

2か所の人工関節置換術の手術を受け、痛みに耐え、歩行困難な時期を過ごしました。それも半年後には2か所にメタルが入っている自分を「ロボットになった。」と冗談をいえるほどに回復し、杖に頼らず歩行も可能になり、2年目にして私たちを襲った病という暗闇のトンネルの向こうに少し明るさが見え、旅行にでかける気になったのです。

マルタから戻ったのは、結婚50年目のその日の夜中。玄関に近づくとライトが点灯しドアに大きく金色で書かれた「50」の数字が目に飛び込んできました。どうも近くに住む長男が、私たちの留守中に用意してくれたようです。鍵を開けて家の中に入ると、さらに驚きました。朝食用にテーブルがコーヒーカップと共にセットされ、テーブルの中央には「朝9時集合」とカードが立てられていました。長男は、秘かに身内や近所の友人を朝食に招待していたのです。翌日の朝、お祝いにきてくれた人たちに交じって、日本に住む長女夫婦や、中国・深圳に住む次男夫婦がテレビ電話で祝ってくれ、遠くにいてもお祝いに参加できたのです。この心の籠った暖かなサプライズパーティーに金婚式カップルは大満足でした。そしてこの日は、私の長い人生を振り返るきっかけともなりました。

●新しい世界へ　新しい価値観

私がそもそも海外に興味をもったのは、アメリカ留学から帰国し、その留学内容を出版した大学生が私が通学していた高校でおこなった講演がきっかけでした。青年はすらりと背が高く紺の詰襟がよく似合うハンサムな青年でした。彼が語る留学生活は、テレビで見るアメリカのティーンエイジャーのキャンパス生活そのもので、私もいつかは海外に行って見聞を広め、大好きな英語を使って生活してみたい、と夢みる17歳でした。この時の夢は、数年かけて遠くデンマークに届いていたようです。

縁あってデンマーク人の夫と結婚し、私は日本から9000キロ離れた北欧の地で生活することになりました。夫も自分がまさか「極東」の女性と結婚することになるとは、夢にも思っていなかったことでしょう。彼は大学を卒業した直後で蓄えもなく、日本まで一番安いルートだったシベリア経由で私の両親や妹、弟に会うために来日しました。私の両親、特に父は、言葉の壁を越えてすっかり彼を気に入り、まだ珍しかったポケットサイズの携帯ラジオをプレゼントして、彼を喜ばせました。

私たちの生活は、コペンハーゲンから9キロ西にある、当時はまだめずらしかった高層16階建ての集合住宅の15階ではじまりました。私は、まずデンマーク社会に慣れることに頭が一杯で「仕事」を得る、という考えも希望も全くありませんでした。それより私にとって日常の生活は見るもの聞くものどれもがめずらしいことばかりでした。私の目の前には聞き慣れないデンマーク語を習得する、という大きな課題もあります。時には「なんでここに一人でいるのだろう。」と世界の果てに置き去りにされたように無性に寂しさを感じ、涙を流した日もありました。

私のデンマーク生活は、夫や家族のサポートを受けながらスムーズに前進したように見えましたが、私の心の中には、一番苦手なものとの葛藤がありました。デンマーク人は、週末に家族や友人を食事によんだり、よばれたりして交流するのが日常生活の楽しみのひとつです。自慢料理をふるまって夜遅くまで談話に花を咲かせて楽しむのが常です。私たちのところにも夫の親戚や友人が入れ替わり立ち替わり訪ねてきます。ところが、私は、このような社交にどうやって対応していいものか、四苦八苦していました。日本では「女性らしく」というふるまい方があり、デンマーク人の自由なふるまいに戸惑いを感じていました。

私が姿勢よくソファーに座り、静かに人の話を聞いていると、デンマークの女性は脚を大きく組み、ソファーにゆったりもたれて、タバコさえ吸っています。そして女性たちは男性に微塵も引け目を感じさせないような会話力で、両手を駆使して話題を提供しています。このような雰囲気にどうやって対応していいものか、言葉さえままならない頃の私は、夫がお客様を呼ぶことに眉をひそめるようになってしまいました。

しかし、「言葉がわからない、通じない、人と会った時、なにを話せばいいのか。」それらを克服しないことには私の未来はありません。話題を提供しないで静かに座っていることは、「行儀がよい」と評価されるどころか、「話題のない人」となり、ともすれば「つまらない人」とさえ勘ちがいされかねません。私は私を改善するために、話題を提供される前に話題を提供する努力や、ソファーに座る姿勢を深くするという自分の殻から抜けだすことからはじめました。それにしても、私と同世代のデンマークの女性が社会的な話題にも必ず自分の意見を持っていることに圧倒され、それもまた、私が学ぶべき大きな課題のひとつでした。

●主婦が消えた!

私は、1970年に長男を、その3年後に次男を出産し、わが子の成長を楽しみながら「主婦」として暮らしていました。朝は夫を仕事に送り出し、次男を乳母車に乗せて長男を半日の保育園に通わせるのが日課でした。その頃には、近くに数名のデンマーク人の友人もでき、昨日はAさんのところで午後のコーヒーに、明日はHさんの家でランチと、言葉を覚えるため、生活を知るため、と交流に努めていました。まだ私は、いわゆる「主婦」としての自分の日常生活になんの疑問も持たず、結婚して子どもを持てば、家を守り、子育てに励む、という生活を素直に受け入れていました。将来「職業を持つ」などということは、日本から「良妻賢母」という四文字熟語を背負ってきた当時の私には、思いもよらないことでした。

私の周囲にいたデンマークの女性たちは、半日の仕事や近くの会社の掃除、または近所の子どものベビーシッターなどでささやかな現金収入の仕事に携わっていましたが、定職ではありませんでした。そのうちお茶友だちが、コペンハーゲンの銀行の受付に採用された、学校の音楽教員に採用された、薬品会社に常勤で採用された、と次々に定職につき、ある日、私一人が取り残されている現実を知りました。近所の子どもを預かっていた女性も市役所の新しい職業制度の「保育ママ」に採用されました。この女性たちが常勤の仕事に就いたことで、息子たちが通っていた保育園も半日から一日の保育園に変更されました。そして、「アッ」という間に「主婦」という言葉も聞かなくなり、「主婦です。」という人にも出会わなくなりました。以来、私も「私はなにができるのだろう。」と、子どもたちに手が掛からなくなった時の私を描いて自問自答しながら自分のゆく道を模索しはじめていました。夫は、周囲の女性が就職し、ダブルインカムになっていく時代の変化に対して、「やりたいことが見つかれば、やればいい。」という意見に留まっていました。折しも、１９７０年頃から日本からのデンマーク視察がはじまり、デンマーク在住日本人が少なかったこともあって、時々アシスタントに駆り出されたのがきっかけとなり、ここから徐々に私の仕事人生がはじまりました。

当時、私はこの時代の変化を傍観していましたが、後日、この時期１９７０年代に多くの女性が労働市場に参入し、それを支援するために各市は保育園や高齢者施設を急速に整備したことを知り、「そうか、私自身も時代の中にいた。」と少しの懐かしさをもって長いデンマーク生活を振り返っていました。

●子育てから仕事へ

私は、私の人生で「妻・母・女性」として三役を上手にこなしていきたいという願いがありました。幸い二男一女の子どもに恵まれ、彼ら・彼女たちはそれぞれの教育をデンマークで受け、デンマーク人として成長していきました。私は子どもが誕生したその日から日本語で接していたので、3人とも日本語とデンマーク語の2か国語で育ちました。人は「日本の祖父母と言葉が通じていいですね。」と評価してくれます。しかし、それより私自身のデンマーク語がままならない時期に、いかにしてデンマーク語で子どもを育てることができるのか、の方が私にとって大きな課題でした。日本語を話すことが彼らの成長の過程でなんの役に立つかは不明でしたが、母親が子どもに「良い・悪い」をきちんと説明するには、日本語で、という策を私なりの理屈で選びました。子どもたちは国別の言葉の存在を知らない時期でしたから「パパのことば」「ママのことば」と分けて自然に身につけていったようです。でも、彼らがまだ幼い頃は日本語の方が得意だった時期があり、パパにいいたいことをママの通訳が手伝っていた時期もありました。夫にとって、時には子どもたちがなにをいっているのか理解できない時もありましたが、一度として日本語で話すことに反対したことはなく、協力してくれました。私は、そばにデンマーク人がいても子どもには徹底して日本語で接していましたが、これが可能だったのは、夫を含め周囲のデンマーク人の理解があってこそでした。特に夫の両親はきっと初孫の初めての言葉をデンマーク語で聞きたかったことでしょう。それでも両親はじっと我慢して、孫とデンマーク語で会話する日を待ってくれました。

子どもの成長と共にはじめた仕事も回を重ねると気持ちにも余裕ができて楽しささえ感じるようになりました。仕事は旅行会社がアレンジする視察場所に同行することでしたが、そのつど訪問先がちがうので事前にパンフレットを取り寄せ、専門用語を書き出し、勉強して仕事に臨みました。しかし、にわか仕込みの通訳で、いま思い出すと冷や汗が出るほどです。

１９８０年代後半になって、本格的に仕事に精を出すようになりました。この頃になると、日本のテレビ界が海外取材に力を入れるようになり、現地コーディネーターとしていろいろな番組のアレンジにもかかわりました。デンマークは小さな国で日本人も少ないこともあり、一つの分野を専門にする通訳がいませんでした。その関係上、今日は保育園、明日は病院、そして、養豚場など日替わりでちがう場所にいったので、関わった仕事は、私に多彩な分野の知識を与えてくれました。テレビの仕事は前例がなく、すべてが手探りでしたが、「やってみよう」と興味が大きかったことでたくさんの番組に参加することができました。夫は、私の仕事が立て込んでいる時期には、在宅勤務で子どもたちをサポートしてくれていました。

私は仕事を通して多くを学びましたが、特に印象深いエピソードは、日本のテレビ番組の取材でデンマークの理論物理学者でノーベル物理学賞を受賞したニールス・ボーア（Niels Bohr、１８８５年～１９６２年）の三男、医学博士ハンス・ボーア（Hans Bohr、１９１８年～２０１０年）にインタビューした際に話されたことです。その頃、私の子どもたちはそれぞれ教育下にあり、手がかからない年齢になっていた時期でした。それは父親であるニールス・ボーア博士の思い出を語ってもらうインタビューで、北シェランにあるボーア家のサマーハウスの庭でおこなわれました。「ボーア博士は、あなたたちの父親としてどのような方でしたか。」という質問に「父のまわりにはいつもたくさんの研究者と学生がいて、忙しい人でした。でも私たち子どもが父に話したいことがあって『パパ』と呼ぶと、必ず振り向いてくれた父でした。」と話してくれました。

このひとことは、私の脳裏に強く焼きつき、それをきっかけに子どもに接する時は心がけるようにしました。とかく親は、子どもに手がかからなくなったことを良いことにして、忙しく仕事をしがちです。そのような時に呼ばれたり、聞かれたりすると「今は忙しいからあとで！」と答えてしまいます。でも子どもは親と話したい時に「忙しい」といわれると、「お母さんは私の話に興味がない。」と思い、次に声をかけてこなくなるかも知れない、と気がつきました。それからの私は「忙しい」という言葉をなるべく使わないように努めました。

仕事面では、それまでデンマークの旅行会社の仕事を請け負っていましたが、１９９０年に蓄積した経験と見聞を基に独立して研修事業を立ち上げました。それは従来のヨーロッパや北欧を一週間で目まぐるしく訪問する日本式視察に大きな疑問を感じていたためです。デンマーク人から「日本人の視察はコペンハーゲン運河めぐりと同じだ。」と揶揄されたり、デンマークの新聞には「高齢者施設で写真を撮りまくる日本人」と問題視する記事もありました。私はデンマーク人にも日本人を受け入れた「実り」をもたらす研修を創りたいと思いました。そこで社会福祉という観点で一つの町にじっくり一週間腰をおろして、その市が市民にどのようなサービスをしているか、長期滞在型の研修をスタートさせました。この事業で私が大事にしたことは、日本からデンマーク社会に興味をもって訪問される側と訪問を受け入れてくれるデンマーク側が「きてよかった・きてもらってよかった。」と相互にいい結果を残すことでした。お陰で私の研修の一つは、同じ市を訪ねて25年も継続したものもあります。しかし、すべては「はじめあって終わりあり」です。２０１７年にこの事業に幕を下ろした時、デンマークの受入れ先の多くから「日本人の訪問が終わりなの、寂しいですね。」という惜しむ言葉をもらい、私の意図したことは届いた、とうれしく思いました。

●母たちからの学び

私は、私の人生を振り返ってみると出会いに恵まれて今の私がある、と痛感しています。まず、デンマークにきて義母（１９１６年〜２００９年）の暖かな支援で成長することができました。義母の支援は、手取り足取りなにかを教えるのではなく、私の人となりを尊重することで常に温かく見守ってくれました。義母にしてみれば、文化も歴史もまったく異なる東洋からやってきた女性に手を出したいことや教えたいことが山ほどあったことでしょう。それでも私が自分で模索しながら子育てをし、生活を営む姿に一切口を挟まずに見守ってくれました。また、義母は「できる限り自分で。」というのが口癖で、同じ所を訪問する際に私たちが車で迎えに行こうとしてもバスで自分で行くから、と、自力を貫いていました。歳をとったら頼ればいいと思いがちですが、頼ってしまえば体はどんどん楽なほうに流されてしまいます。義母の「できる限り自分で。」という考え方は、義母に限らずデンマーク人の多くが持つライフクオリティーなのです。

私の実家の母は、２０１９年現在96歳になり足腰が多少弱くなったとはいえ、社会状況に通じ、話をすると「打てば響く」という形容がぴったりの話題豊富な母です。母は、60歳で夫に先立たれた後、一人暮らしを続けてきました。大正生まれの母は、デンマークの義母と同じように「できることは自分で」という自立の精神を貫いています。私がデンマーク人の夫と知り合い、結婚を考えた時期は、両親は経済的に豊かとはいえず、きっと長女の私に日本にとどまり就職してほしかったと思います。しかし、両親は私のデンマーク行きに理解を示し、彼らなりに支援してくれました。あの時、両親が厳しく反対していたらどういう人生が待っていたのでしょうか。でも両親が私たちに寄り添ってくれたおかげで、私たち家族は、豊かな家族関係があるのだと思います。母の小さなアパートは、家族が集まる場所で孫たちも頻繁に訪れにぎやかな時間を過ごしています。「生きているのも大変よ。」といいながらも毎日を大切に生き、私たちに心配をかけない「子ども孝行」の母です。

私は結婚以来、日本に帰り、デンマークに戻るという生活をくり返してきました。デンマーク社会では「私らしく」生きていくことができます。日本から聞こえてくる諸々の社会問題に触れるにつけ、私が経験するデンマークの成熟した社会のあり方・人々の考え方を日本に伝え、少しでも世界に目を向けてほしいという一心で、研修、執筆活動を通して発信してきました。

私たち夫婦も金婚式を無事通過し、夫も健康を取り戻して再び夫婦二人三脚で過ごせる日々が戻ってきたことに、今あらためて幸せをかみしめています。

二　孝子の歩んだ日々

●夫との出会い――結婚

私が夫とはじめて出会ったのは、私が大学を卒業した1972年の夏でした。オーストリアで開かれた国際夏季こどもキャンプに11歳の日本児童4人のリーダーとして参加した時のことです。参加12か国の中にデンマークチームもいて、彼はそのリーダーでした。大げさにいえば、これが二人の運命の出会いでした。

5か月後、父に同行してヨーロッパを訪れる機会ができ、デンマークで彼と再会し、彼の実家を訪ねて夕食をご馳走になった時、突然私の父が「二人の将来」について夫に単刀直入に質問し、その後は彼の両親、祖父、妹も加わって異文化討論となりました。この予期せぬ出来事に、当事者をはじめ、みなが興奮状態となりましたが、この時彼の両親は、「デンマークで暮らせるかどうか、まず1年間ためしに留学してみてはどうか、タカコの保証人になるから。」とやさしくアドバイスしてくれました。また彼の妹が、「子どもの将来のことに親が口出しするなんて、おかしい！」と父の取った態度をモーレッに批判していたことも忘れられない思い出です。

こんなハプニングがありましたが、それから5か月後、大学生だった夫が1年分の学生ローンをはたいて来日し、私たちは日本で婚約式を挙げ、1か月後に私はウエディングドレスを手に、一人でデンマークに渡りました。この年オイルショックが勃発して、父は会社経営危機に直面したため、両親はデンマークでの結婚式に出席できませんでした。当時デンマークには、結婚披露パーティーを花嫁家族がアレンジする習慣がありましたが、日本から一人でやってきた花嫁ではそれができません。夫の両親は、「4男にしてはじめて結婚披露パーティーを主催できるチャンス到来！」と大喜びでした。そして教会でのバージンロードは、シルクハットに燕尾服をまとった夫の祖父が代行してくれました。日本の家族に出席してもらえなかった結婚式でしたが、すでにその時点で、私は完全に夫家族の一員になったことを実感しました。ただあの時、父がドーンと私の背中を押してくれなかったら、そして母が事態を静かに受け止め、やさしく私を送り出してくれなかったら、私のデンマークでの人生ははじまらなかったでしょう。

●新婚生活のはじまりと決意

私たちの新婚生活は、オルフス（Aarhus）というデンマーク第二の都市ではじまりました。といっても、私たちの新居は、町から8キロ離れたベッドタウンに夫が借りていた2LDKのアパートでした。

彼は19歳で親元を離れ、オルフス大学で勉強するためにこの町に引っ越して4年が経過していました。高校教師を目指していた彼は、教員免許取得条件として、メイン学部（5年）とサブ学部（2年）を卒業しなければなりません。結婚当初は、メイン学部の最終段階で、卒論に取り組んでいました。

今でこそ高等教育を受けているすべての学生たちは、国が支給する奨学金を受けられますが、当時このような制度はなく、彼をはじめとする多くの大学生は、銀行から学生ローンを借りて生計を立てていました。もちろん親からの仕送りをあてにする人はいません。そのため彼は、学業のかたわら高校で教員アルバイトをして生活費に充てていました。まさに「貧乏学生」だったのです。

私は、「デンマークに移ったら、まずデンマーク社会に馴染む努力をしよう。そのためにデンマーク語を早くマスターしよう。」と決めていました。そこで私は、国民大学（Folkeuniversitet）と呼ばれる公開大学講座の外国人向けデンマーク語教室に通うことにしました。ここでの授業は基本的にすべてデンマーク語。そして夫との会話も、英語から少しずつデンマーク語へと切り替えていきました。大半のデンマーク人は英語を流ちょうに話すので、英語でも十分暮らしていけますが、やはり本当に社会の一員として認めてもらうためには、その国の言葉をマスターしなければいけないと思います。一大覚悟で臨んだデンマーク語習得。これが、私の次のステップへの有力な糧となりました。

もう一つ私が挑戦したことは、大学への再入学でした。その目的は資格を取るためでなく、興味ある科目を勉強して新しい知識を得ることと、他の学生と交わることでした。それにしても、デンマーク語教室といい、大学の授業といい、外国からきたばかりの私ですら無償で受けられたのには驚きました。貧乏学生夫婦にはありがたい支援でした。

しかし授業料はタダでも生活費はかかります。夫のアルバイト収入と母からのささやかな仕送りでやりくりしなければなりません。近くの肉屋で買えるのは、安売りのひき肉ばかり。野菜も、ジャガイモ、ニンジン、キュウリ、タマネギなどはあっても、ダイコン、ハクサイ、モヤシ、シイタケはありません。お米もパサパサの外米のみ。それを私なりに工夫して、40種類ほどの料理を日替わりメニューで作る毎日でした。その頃夢の中に大好きな鍋焼きうどんが出てきて、ハッと目覚め、みじめな気持ちになって、つい涙ぐんだこともありました。これも今ではなつかしい思い出です。

●ファミリー計画

そんな新婚時代、夫とは二人で築いていく未来図についてよく話し合ったものです。私は、「子どもを持つのは、夫が無事卒業して仕事に就き、安定した収入が得られてはじめて可能なことで、今はとても無理。」と、いかにも日本人的な考え方をしていましたが、彼は、「そんなのナンセンス！　周囲には、学生同士で子持ちのカップルがたくさんいるよ。それから父親にどうしてもできないことは、赤ちゃんに母乳を与えることだけで、あとは全部ぼくにもできるから、心配する必要はまったくないよ。」と反論。まさかこんな言葉が夫から返ってくるとは夢にも思わず、大きなショックを受けました。でも冷静に考えてみれば、「それも一理あり。」と思えるようになり、それからは「自然の成りゆきにまかせよう。」ということで意見が一致しました。

それから数カ月後、私は妊娠して家庭医の産前定期検診を受けていました。臨月が近づきかなりお腹が大きくなってきた頃、ドクターから「経過はとても順調だから、予定日の一週間前ぐらいまで自転車に乗っても構いませんよ。新鮮な空気をいっぱい吸って体を動かすことは、あなたにも、おなかの赤ちゃんにも良いことだから。」というアドバイスをもらいました。ちょうどその頃、日本の母からは、「腹帯」なるものが送られてきました。私の安産を祈って送ってくれた母の気持ちはとても嬉しかったのですが、はじめての妊娠で使い方がわからず、またデンマークにはこのような風習はまったくなかったので、結局使わず仕舞いになってしまいました。母へのお礼の手紙に、ドクターから予定日一週間前まで自転車通学を続けて良いといわれたことを書き添えたところ、母はきっと腰を抜かすほど驚き心配したのでしょう、「そんな危険な行為は、即刻止めなさい！」というお叱りの手紙が届きました。

●出産・子育て・保育ママ

いよいよ出産となった時、夫は当然出産に立ち会うつもりで病院までつき添ってくれましたが、陣痛がなかなか本格化せず難産となったため、結局彼は分娩室から追い出されてしまいました。彼がそばにいるから安心して産めると思っていたのに、最後の最後で一人にされた私は、分娩中に医師や看護師のデンマーク語をちゃんと理解できるかとても不安になり、なんと心細かったことか……。

なんとか無事出産できましたが、私は長時間にわたる難産分娩で心身ともに疲れ果て、痛みもかなりあって、病棟のベッドに横たわっていました。その時看護師さんが入ってきて、「出産おめでとう！　ご苦労さまでした。ではこれから起きて、赤ちゃんのおむつを替えましょう。一度お手本を見せるから、あとは自分でやってくださいね。それからシャワーを浴びたかったら、50メートル先にシャワールームがあるから、自由に使って結構ですよ。」と話しかけてきました。私はとてもベッドから起き上がれる状態ではなかったのですが、彼女いわく、「仕方がないので、今日はパパにおむつ交換をやってもらいましょう。それから、出産は病気ではなく、あなたは病人ではないのだから、とにかくできるだけ早く、自分のことは自分でするように努力してくださいね。」この時は、「なんと冷たい看護師さんだろう。」と目に涙を浮かべて恨んだものです。でもあとから冷静に考えれば、これも「一理あり。」で、「自分でできることは、他人に頼らず自分でする。」これがデンマーク人の国民性なのだと納得したのでした。

退院して帰宅した私を待っていたのは、学校教師をしていた義母でした。当時パパの産休はなかったので、たとえ学生でもアルバイトを休むわけにはいきません。デンマークの子育て事情を知らない私をほうっておけなかったのでしょう。彼女は一週間仕事を休んで駆けつけてくれました。子育てはもっぱら私たち夫婦にまかせ、主に家事を手伝ってくれましたが、義母の暖かい心遣いや、5人の子どもを育てた先輩女性からの育児アドバイスは、ありがたい贈り物でした。

また帰宅して驚いたことは、幼児用ベッド、寝具、乳母車、一年分の衣類、大量の布おむつから哺乳瓶に至るまで、乳児保育に必要な物がすべてそろっていたことです。これは、当時低所得者の育児を支援していた「マザーヘルプ」(Mødrehjælpen) という組織から無償で支給されたもの。ベッドや乳母車は中古で、衣類は味気ない質素なものでしたが、私たちにとっては救いの神さま。出産費用もいらず、ましてこんなところまで支援してくれるとは！　そして夫は、以前私に語ったように、母乳以外のすべての育児に参加したのです。

育児に追われる生活をしていて、あることに気づきました。それは、かなり多くのヤングファミリーが住んでいる集合住宅にもかかわらず、昼間は中庭で遊ぶ子どもやおかあさんの姿はなく、シーンと静まり返っていたことです。「子育て中のママは一体どこにいるの？　子どもはどうしているの？　このままでは、私や娘だけが置いてきぼりになる！」という恐怖心で、いてもたってもいられなくなったのです。若いママたちは、一定期間の産休が終わると、子どもを預けて学業や仕事に戻ることを知った私は、「まずは大学の授業に戻ろう。そして早く仕事を見つけよう。」と決意し、娘を保育ママに預けることにしました。別れ際に泣く娘の姿を見た時、「これで良い。」と自分にいいきかせる私と、「なんと薄情な母親か。」と自分を責める私が混在していました。

●私が家族を扶養するの？

結婚2年後、夫はメイン学部を無事終了。残るサブ学部をコペンハーゲン大学で取得することになり、私たちは引っ越すことになりました。ただアルバイト収入がなくなったら、どうやって生活するかが問題です。私はこの時がチャンスと思い、仕事を探しました。幸い日本大使館で勤務できることになり、生活の目途が立って一安心。夫は学業、私は仕事、娘は保育園に通う生活がはじまりました。

当時私は、新たな環境での新たなチャレンジに張り切っていましたが、反面、「妻でなく、夫が家族を養うのが本来の姿なのでは？」という気持ちが心の奥深くでくすぶっていました。日本人的な「夫婦はこうあるべき」という観念はそう簡単には消えませんでしたが、夫が卒業し、教師として働くようになって、ようやくこのわだかまりが解けました。

●共働き家族のバトル

大使館の仕事にも慣れた頃、我が家には二人目の娘が誕生しました。それを機にマイホームを購入したため、ローン返済が加わって青息吐息。どうしても夫婦二人の収入がなければ家計は回りません。その頃長女は幼児保育園、次女は乳児保育園に通い、朝は出勤時間が遅い私が二人を送り、午後は夫が迎えにいき、スーパーで買い物し、夕食を用意し、私の帰りを待って夕食。食後は子どもたちとのコミュニケーションタイム、おやすみ前に絵本を読み、子どもたちを寝かしつけ、それからあと片づけ、夫婦の時間、就寝という日課でした。私は心の中で、「小さい子どもたちに、この日課はキツ過ぎるのでは？　これでちゃんと育ってくれるだろうか？」とくり返し問いかけていましたが、まわりを見れば、どこの家庭も同じ状況です。ここで気づいたことは、「子育てで最もたいせつなことは、何時間一緒にいるかではなく、一緒にいる時にどう接するか。つまり量より質の問題だ。」ということ。夫も同じ意見で、二人はどんなに忙しくても、できるだけ娘たちと中身の濃い時間を作るように心がけたものです。子育てをとっくに終えた今でも、この考え方はまちがっていないと確信しています。

●孝子の社会的自立

大使館に5年勤務したのち、日本関連企業に4年ほど勤めましたが、その頃私は、「私だからこそできる仕事が、別にあるのではないか？」と考えるようになりました。そこで思いついたのは、当時バブル景気で海外進出がめざましかった日本企業と、魅力的な日本市場に進出したいデンマーク企業の橋渡しをする仕事です。日本語と英語に加え、デンマーク語も習得できた今、これを武器に通訳・翻訳・コンサルティングビジネスができないものかと考えたのです。ただこれを専門にしている会社はなく、自分で立ち上げるしかありません。安定した収入につながるかどうかもわかりません。悩んでいた私に夫は、「君のモットーは、ケ・セラ・セラ（なるようになるさ）だったじゃないか。君なら絶対にできるよ。最大限応援するから。」と、私の背中を押してくれました。

決心した私は、「まず私の存在を知ってもらわなければ、なにもはじまらない。」と思い、日本に関心がありそうなデンマーク企業約400社に手紙を出しました。しばらくして、ある会社の社長から、「日本企業と提携を結んだが、なかなかコミュニケーションがうまくいかない。是非手伝ってもらいたい。」という内容の手紙が届きました。これが、フリーランスとして独立した私の初仕事。それからは「桃栗三年柿八年」で、徐々に仕事が広がっていきました。忙しくなり、時には長期海外出張もあって、家族と過ごす時間が減ることもありましたが、夫のバックアップがあったからこそ、なんとか乗り切れたのだと思います。

●私なりのメッセージを伝えたい——夫婦二人三脚

通訳・翻訳業などの仕事を通して、多くの人に出会い、多くの経験を積み、また多くのことを学んで視野が広がったように思います。ただこれらの仕事は、AからB、BからAへと意思や内容を忠実に正確に伝えることで、自分の意見を伝えることではありません。デンマークでの生活体験や、子育て、そしてさまざまな仕事に関わって「見えてきたこと」・「考えていること」を私のメッセージとして伝えたいという想いが徐々に膨らんでいきました。そして日本とデンマーク両国を行ききし、両方の社会を見てくると、「デンマークのこんなところを日本に伝えたい、さまざまな社会現象や問題に、デンマークがどう取り組んできたかを伝えることは、きっと日本でも参考になるはずだ。」と思うようになったのです。私なりのメッセージをどうやって日本に伝えようか。そこで考えたのが、デンマークに関心を抱く日本の方たちにテーマ研修を企画・コーディネートすること、日本向けに執筆活動をすること、日本で講演・研修活動をすることでした。これが、私のビジネス人生3度目のターニングポイントです。

この転機が訪れた頃、夫が私にある提案をしました。それは、このビジネスに夫も加わり、互いの得意分野で仕事を分担して、二人三脚でいこうというものでした。協力してもらえるのはありがたいけれど、夫の安定収入がなくなってもやっていけるだろうかと不安になりました。でもここでまた「ケ・セラ・セラ」の歌が聞こえてきて、結局ビジネスでも夫と二人三脚を組むことになり、これが30年続いて今日に至っています。

とはいうものの、周囲には、長年の仕事生活に区切りをつけ、旅行、ボランティア活動、家族や友人たちとの時間、趣味の時間など仕事以外のやりたいことをして人生を謳歌している同年輩夫婦がなんと多いことか。私たち夫婦も、徐々にその仲間入りをはじめています。そして週一回娘たち夫婦や孫たちと食卓を囲むひとときは、二人にとりかけがえのない時間になっています。でも、メッセージを伝えるという私のライフワークは、これからもずっと続けていきたいと思っています。

●私の鑑《かがみ》は、私の姑

デンマーク人は、相手が社長でも、校長でも、そして舅・姑でも、気軽にファーストネームで呼び合います。結婚当初、3人の義姉たちは、義母のことを名前で呼んでいましたが、日本人の私には、どうしてもできませんでした。そこで私は、義母に「モア」（おかあさん）と呼んでいいかたずねたところ、快諾してくれて、以来ずっと彼女を「モア」と呼んできました。

モアは第二次世界大戦が勃発した年に結婚し、戦後教師として働きはじめ、68歳まで続けました。またモアは、「デンマーク女性連盟」の一員として女性運動に加わり、さまざまな活動にも参加していました。日本からきたばかりの私にも、「女性が経済的、精神的に自立することのたいせつさ」を機会あるごとに語り、講演会にも誘ってくれたものです。そして4人の嫁たちのさまざまな悩みを親身になって聞いてくれるモアでもありました。嫁・姑という立場でなく、一人の女性対女性として接してくれたのです。女性・妻・母・姑・祖母・曽祖母として私たちに多くのものを残してくれたモア。これからもモアのような女性を目指したい——そんな気持ちで、毎日を生きています。

あとがき

本文の原稿を書き終えてほっと一息ついたある日、新聞を読んでいると、デンマークの中央銀行総裁の大きな写真とともに、「男女平等が達成されていないことは、社会経済にとり大問題——中央銀行総裁が男女平等のディベートに警鐘を鳴らす。」という見出しが目に飛び込んできました。

記事の要旨は、「デンマークは世界に先駆けて男女平等社会づくりを進め、わずかに残っている格差もそのうち解消されるはずだと確信していたが、現実はそうでなく、賃金格差は縮まらず、トップリーダーに占める女性の割合は依然伸び悩んでいる。これは、社会の繁栄・福祉にとりマイナスだ。男女の賃金格差解消は、女性のためだけでなく、社会経済の観点からも絶対に必要だ。」というものです。この中央銀行総裁の発言は、強いインパクトがあり、今デンマークでは、男女平等問題が再び世論を沸かしています。「男女平等」のテーマは、デンマークですら、いまだに解決できていない重要テーマであることを、改めて思い知らされました。

もう一つ、私たちを驚かせた最近の新聞記事があります。それは、「37時間労働と同じ賃金で30時間働く週4日制が、これからの働き方の主流になるだろう。」というものです。今後高齢化が進む中で、より効率良く働き、働く人のモチベーションを高め、ストレスを軽減させるためにはどうしたらよいか、その実験的試みが、個人企業や地方行政でもすでにはじまっています。この記事からも、デンマークがボトムアップ社会で、常にアメーバーのように動き、変革しているのを感じ取ることができます。

このような人びとのさまざまな試みは、いずれは社会制度の改正へと繋がっていきますが、それを可能にするのは、私たちが選挙を通じて、自分たちの意見を反映してくれる議員を選出することにあります。国政選挙で常に85%前後の投票率を出すことからも、デンマーク人の政治に対する関心の高さがうかがえます。

私たちは本著で、〈女性の自立〉〈自己決定〉〈個の尊重と社会の連携〉〈権利と義務〉をキーワードに、デンマーク女性の生き方・働き方と、それを支える社会制度にスポットを当てましたが、実はこれは、女性に限らず、デンマークに住むすべての人が共有している生き方・考え方であり、デンマーク社会の底辺に流れている共通理念なのです。

私たちは、これまでに日本の方たちから、「デンマークは、安心した生活があって羨ましいけれど、問題はないのですか?」という質問をたびたび受けてきました。その都度私たちは、「デンマークは、社会福祉国家として150年の歴史があり今に至っていますが、決して理想郷ではなく、この社会にもさまざまな問題が山積されていますよ。」と伝えてきました。それは、①近年の傾向として、個人の自由と権利のみ重視して、連帯精神を軽視する自己中心的な考え方を持つ人が増えてきたこと。
②高い離婚率の普遍化・家族関係の複雑化の影響を受ける子どもたちが増えたこと。
③労働移民や難民受け入れで社会の多様化が進み、デンマーク国民のアイデンティティーが揺らぎ、融和努力の困難さ・軋轢・差別・排他的思想・犯罪などの社会問題が発生していること。
④近年の傾向として、高福祉・高負担の考えや労働市場における労使間の信頼関係など、社会基盤が微妙に揺れはじめていること。
どれもかなり深刻な問題です。

ただ、私たちが常に強調してきたことは、「デンマークも多くの問題を背負っているけれど、それは、現在日本が直面している問題とは別次元のもので、それをもって両国の比較議論はできない。」ということです。今起きている社会現象に目を向けることはもちろんたいせつですが、それだけ観察していても、社会のありようは見えてこない、と私たちは思っています。社会の問題を、ここに至るまでの過程でどのように捉え、どのように解決しようと努力してきたかが重要です。「人びとの意識」と「制度」は両輪のようなもので、そのどちらが欠けても問題は解決しないことを、私たちはデンマークでの生活から学びました。

海外から日本の社会を眺めていると、日本の実情や問題点がより鮮明に、より客観的に見えてきます。だからこそ私たちは、長年にわたり日本社会の変革に少しでも役に立てばという想いから、両国のちがいを指摘し、同時にデンマークの事情を自分たちなりにひも解いて、メッセージとして伝える仕事をしてきました。

その活動の中で、私たち二人が最も強く感じている両国のちがいが二つあります。それは、

①社会をみなで築こうとするボトムアップ社会（デンマーク）とお上の決めたことを実行するトップダウン社会（日本）

②さまざまな試みや努力（点）が別の点と融合して線になり、さらにこれが交叉して面を創る社会（デンマーク）と、素晴らしい点は限りなくあるにもかかわらず、それらの点が線で結ばれて面になることが難しい社会（日本）

のちがいです。

日本にも自立して活躍している女性はたくさんいます。でも、諸事情によりそれが実現できていない女性もいます。女性の社会的立場や働き方を改善することを望むのであれば、誰かがやってくれるのを待つのではなく、女性たちが結束して声を上げることが大事ではないでしょうか。本著のインタビューに応じてくれたデンマーク女性たちからも、同じようなエールが聞かれました。

私たち二人は、長年にわたり、時あるごとに、日本とデンマーク両国の諸事情について熱く語り合ってきました。二人の夫たちは、どちらからか電話が掛かると、「これは30分では済まないぞ。」と諦めの境地。しかしこれが功を奏して、1996年に『福祉の国からのメッセージ——デンマーク人の生き方・老い方』（丸善ブックス）という共著本を出版することに繋がりました。

それから約4分の1世紀が経った今、今だからこそ取り上げられるテーマとして、同性のデン

マーク女性たちの生き方・働き方をまとめることで意見が一致しました。それを実現するにあたり、私たちは、一冊の本を二人が半分ずつ分担して書くのではなく、お互いが持っているものを完全に出し切り、ぶつけ合って、1プラス1を2以上のものにしようという想いで執筆に臨んできました。

日本の女性にエールを送りたいという私たちの熱い想いをご理解いただき、出版の機会を与えてくださり、また一年を通して、関連記事の送付などいろいろとご支援いただきました大月書店編集部の松原忍氏に、心より感謝申し上げます。

最後に、一年近くにおよぶ私たちの執筆活動を、二人の夫たちは、陰に日向にそっと支援し激励してくれました。この夫たちのやさしい支援があったからこそ、二人が思う存分執筆作業に取り組むことができたのだと思います。

Og tusind tak til Birger og Carsten for deres store tålmodighed og støtte, som de har vist os gennem hele processen. Og en speciel tak til Steffanie fra farmor, at du insisterede, at jeg skulle skrive denne bog.

2020年1月

澤渡夏代ブラント
小島ブンゴード孝子

http://denstoredanske.dk/Samfund,_jura_og_politik/Samfund/Kvindesagen/Dansk_Kvindesamfund
百年前のデンマーク
https://www.arbejdermuseet.dk/wp-content/uploads/2016/03/familiens_liv_og_hverdag_aar_1900.pdf
デンマーク女性の社会進出
https://danmarkshistorien.dk/perioder/kold-krig-og-velfaerdsstat-1945-1973/familieliv-og-kvindefrigoerelse/
市川房枝
https://www.ichikawa-fusae.or.jp/fusae/

■参考にした刊行物

jko@sondagsavisen.dk 2014-06-06 Sådan fordeler mænd og kvinder pligterne
Politiken：2019年7月28日　インタビュー記事　Danskerne kan ikke tåle at høre de ord：kvote
Berlingske: 2019年2月8日　Nej tak til øremærket barsel fra Bruxelles
Berlingske: 2019年1月26日　Barsel til fædre skal øremærkes efter ＥＵ-beslutning: »Bryder med nærhedsprincippet«
Berlingske: 2019年5月22日　Barsel til mænd er blevet et konkurrenceparameter i advokathusene
Berlingske：2019年6月21日　Tingets andel af kvinder står i stampe – nu peger ekspert på kønskvoter
Berlingske: 2019年7月4日　Tre kvinder på ＥＵ-topposter: »De er brudt gennem glasloftet med et kæmpe brag«

ジェンダーギャップ
www3.weforum.org/docs/WEF_GGGR_2020.pdf
https://www.huffingtonpost.jp/entry/gender-gap-2018-japan_jp_5c5b847be4b0faa/cb68549d

第三章

デンマークの出産
http://www.sundhedsaftalen.rm.dk/varktojskasse/svangreomradet/udskrivelse-ved-normal-fodsel/
https://www.sst.dk/da/dugivelser/2016/ny-i-danmark-graviditet-og-fodsel

未婚の母の出産
http://www.garbagenews.net/archives/1654837.html

同性婚
https://www.bbc.com/japanese/47223423

保育
https://www.morecareee.jp/media/hoikumushouka-y-0607

デンマークの義務教育
https://www.uvm.dk/folkeskolen/folkeskolens-maal-love-og-regler/om-folkeskolen-og-folkeskolens-formaal/kort-om-folkeskolen
https://www/skole-forældre.dk/artikel/læseplaner
http://skoleliv.dk/5992646
http://elevpraktik.dk/

日本の教育
https://www.mext.go.jp/b-menu/hakusho/html/others/detail/1317990.htm

第四章

女性史
https://www.dst.dk/Site/Dst/Udgivelser/GetPubFile.aspx?id=22699&sid=kvind
https://danskkvindesamfund.dk/historie/

■参考にしたウェブサイト

第二章

出生率

https://kvinfo.dk/fertilitet-gennem-100-aar/

https://ecodb.net/country/JP/fertility.html

パートタイム

https://faos.ku.dk/pdf/forskningsnotater/forskningsnotater_2002/fnotat35.pdf

働き方改革

https://www.mhlw.go.jp/file/06-Seisakujouhou-12600000-Seisakutoukatsukan/0000190582.pdf

就業率

https://data.oecd.org/emp/employment-rate.htm#indicator-chart

有給休暇

https://www.regeringen.dk/nyheder/aftale-om-ny-ferielov/

https://www.mhlw.go.jp/content/000463186.pdf

日本のM字型カーブ

https://kurashigoto.me/column/ITk8y/

https://sukusuku.tokyo-np.co.jp/birth/1874/

https://www.masahiro-ishida.com/uploads/2017/03/妊娠・出産前後の退職理由.pdf

出産・育児休暇

https://danskindustri.dk/vi-radgiver-dig-ny/personale/parsonalejura/gravar/graviditet-og-barsel/orlov-ved-graviditet-og-barsel/

https://www.dst.dk/da/statistik/bagtal/2017/2017-04-28-Dansk-faedre-langt-fra-EU-kommissionen

https://www.barselsfonden.dk/

https://www.roudou.net/ki_sanikukaigo.htm

■参考図書

『加藤シズエ　百年を生きる』　ヘレン・M・ホッパー著　加藤タキ訳　ネスコ／文藝春秋　1994年
『何を怖れる　フェミニズムを生きた女たち』松井久子編　岩波書店　2014年
『福祉の国は教育大国　デンマークに学ぶ生涯教育』　小島ブンゴード孝子　丸善ブックス　2004年
『デンマークの子育て・人育ち―「人が資源」の福祉社会』　澤渡夏代ブラント　大月書店　2005年
『デンマークのユーザー・デモクラシー』朝野賢司、生田京子ほか　新評論　2005年
Blåstrømper, rødstrømper, uldstrømper　Eva Hemmer Hansen　GREVAS　1970年
Pædagogiske læreplaner i daginstitutionen　Dorthe Filtenborg og Gyda Lindegaard　Dafolo　2005年

執筆者略歴

澤渡夏代ブラント（さわど　なつよ　ブラント）
1946年東京生まれ 、武蔵野女子学院卒業後デンマークへ、1969年デンマーク人ブラントと結婚。2男1女の母。1985年フリーランスの通訳業務を経て医療・福祉・教育研修／視察及びテレビなどのコーディネイション会社設立。2018年会社閉鎖。現在はシニアライフを楽しみながら執筆・講演活動を通してデンマーク事情を日本に発信。
主な著書
『豊かさ実感できる医療もとめて』(共著)、1993年　章文館出版
『福祉の国からのメッセージ、デンマーク人の生き方・老い方』1996年　丸善ブックス
『デンマークの子育て・人育ち』2005年　大月書店
『デンマークの高齢者が世界一幸せなわけ』 2009年　大月書店

小島ブンゴード孝子（こじま　ブンゴード　たかこ）
1949年東京生まれ、1972年学習院大学英文科卒業、1973年 デンマーク人ブンゴードと結婚。2女の母。在デンマーク日本大使館や日本関連企業勤務を経て、1983年にユーロ・ジャパン・コミュニケーション社設立。通訳・翻訳業に始まり、25年ほど前からは、福祉・医療・教育・女性／労働問題などをテーマとする独自の研修をデンマークで企画するとともに日本で講演・研修活動をおこなう。2010年～2018年佐久大学信州短期大学部特任教授。
主な著書
『福祉の国からのメッセージ、デンマーク人の生き方・老い方』1996年 丸善ブックス
『モア――あるデンマーク高齢者の生き方』2002年 ワールドプランニング
『福祉の国は教育大国――デンマークに学ぶ生涯教育』2004年 丸善ブックス
『つらい介護からやさしい介護へ――介護の仕事を長く続けていくために』 2006年 ワールドプランニング
『北欧に学ぶやさしい介護――腰痛をおこさないための介助テクニック』 2009年 ワールドプランニング　解説書付きDVD

装　丁　　宮川和夫
ＤＴＰ　　編集工房一生社

デンマークの女性が輝いているわけ
幸福先進国の社会づくり

2020年6月15日　第１刷発行
2021年9月17日　第３刷発行

定価はカバーに
表示してあります

著　者　澤渡夏代ブラント
　　　　小島ブンゴード孝子

発行者　中川　進

〒113-0033　東京都文京区本郷2-27-16

発行所　株式会社　大　月　書　店

印刷　三　晃　印　刷
製本　中　永　製　本

電話（代表）03-3813-4651　FAX 03-3813-4656　振替00130-7-16387
http://www.otsukishoten.co.jp/

ISBN978-4-272-35046-9　C0036　Printed in Japan

デンマークの高齢者が世界一幸せなわけ

澤渡夏代ブラント著

必要な人に、必要なとき、必要なだけ、無料で援助。デンマークの高齢者の生活環境は実に豊かです。しかし、それはたんに与えられたものではなく、長い時間をかけてデンマーク市民が勝ち取ってきた結果であり、民主主義の成果なのです。

46判・1700円＋税